6 [シリーズ]
統計科学のプラクティス
小暮厚之・照井伸彦［編集］

Rによる
計量経済分析

福地純一郎
伊藤有希
［著］

朝倉書店

はじめに

　本書は，計量経済分析の手法の意味と手順とともにソフトウェア R による分析方法を解説したテキストである．大学で経済学・経営学を学ぶ学部生・大学院生や一般企業や研究機関・シンクタンクの方が，実際に R を用いてさまざまなデータ分析を行うときに役立つような実践的な内容になるよう努めた．

　計量経済学は，経済理論とデータの分析によって経済現象を理解しようという試みから発展してきた学問であり，その手法は経済学・経営学のすべての分野で不可欠な道具となっている．近年，計量経済学の理論と応用は，利用可能なデータの増大と応用対象の拡大とともに，著しく発展してきた．経済学の各分野で利用されるモデルと手法が非常に多くなった現状を考えると，大学や研究機関で計量経済学の教育を行ううえで，特に現実に使われる手法を多く解説することが重要であろう．このような認識のうえで，以下のような方針に基づいて本書を作成した．第一に，内容は計量経済学の最も基礎的な 3 つの手法である回帰分析，時系列分析，パネルデータ分析にしぼり，そのなかで実際の分析で利用される手法をなるべく多く取り上げた．ただし，近年利用が増えているミクロ計量経済分析の手法は扱っていない．第二に，各手法が適用できるために必要な仮定は正確に記述した．主に紙面数の制約から，定理の証明は原則として含めない．複数の章にわたって使われる推定や仮説検定の手法（たとえば最尤推定量，尤度比検定など）については，巻末の A 章で説明を与えた．第三に，解説する手法のほとんどに R のコードを付与し，使用する R の関数の用い方と結果の読み方を丁寧に記述した．また，本書で解説した各推定・仮説検定法および関連する R の関数は B 章にまとめ読者の便宜をはかった．

　次に，R で計量経済学を学ぶことの利点を述べたい．1 つ目の利点は R はフリーソフトであり，誰でも自由に使用できることである．経済・経営分析で用

いられるソフトの多くは有料であり学生にとっては非常に高価なものもある．たとえ，大学の PC ルームに設置されている PC にこのような有料の統計ソフトがインストールされていても，学生個人の PC では使えない場合も多い．この場合は，宿題，卒業論文，修士論文作成の際に大学の PC ルームなどで分析を行う必要がある．R ならば，フリーソフトであるため，自分の PC に好きなだけインストールして自由に使えるといった利点がある．また，所属機関の違う外部の研究者と共同研究を行う際，統計ソフトを同じものに揃える追加コストがない．

2 つ目の利点として，R では多くの新しい計量手法が利用可能であることがあげられる．近年，利用可能なデータの種類の増加およびコンピュータの性能向上に伴い，計量経済学は急速に発展し新たなモデルや手法が日々開発されている．オープンソースである R は，新たに開発された手法を取り込むのに適しており，この点も他のソフトにはない大きな利点となっている．実際に多くの経済学，統計学およびオペレーションズ・リサーチの研究者らによって R の追加的なパッケージ（コマンドやデータをまとめたもの）が作られ，これらを用いることで R のユーザーは多くの先進的な分析方法を容易に実行することができる．

3 つ目の利点は，R にはさまざまなグラフを作成する関数が用意されていることである．作成したグラフは容易に EPS 形式で保存することができ，LaTeX との相性が良い．

本書の内容の一部は，2010～2011 年度の学習院大学経済学部の講義「経済学特殊講義（R で学ぶ統計分析）」で実際に学習院大学経済学部の 2 年生から 4 年生に使用してもらい，講義中に学生がつまずいた点などを補足している．ほとんどの学生は統計ソフトを使うことが初めてであったが，R の基本的な使い方さえ丁寧に解説すれば，このテキストを用いることでスムーズに学習できた．

慶應義塾大学の小暮厚之教授，東北大学の照井伸彦教授には，本書を執筆する機会をいただいたことに感謝申し上げたい．本書の執筆過程で，東京大学の倉田博史准教授からは回帰分析の理論について重要な指摘と助言をいただいた．心よりお礼申し上げる．また，駒澤大学の矢野浩一准教授には筆者の伊藤が金融庁の金融研究研修センターで研究員として勤務していたときに R に関して丁

はじめに

寧に教えていただいた．ここに感謝の意を記したい．一橋大学大学院経済学研究科の井坂将君には，プログラムのチェックなどをしていただいた．もちろん本書のありうべき誤りの責任は著者にある．

　実践的な内容にするために，本書の多くの章では日本のデータを用いて R で実証分析を行っている．総務省統計局より「社会生活統計指標―都道府県の指標―」，経済産業省より「商業統計」，内閣府より「四半期別 GDP 速報」，気象庁より気温データの使用を許可していただいた．各機関にお礼を申し上げたい．

　なお本書で用いているデータおよびプログラムは以下のホームページからダウンロードできる．

　　　　　　　https://sites.google.com/site/econometricsr/

本書が計量経済分析を理解するうえで読者の一助になれば幸いである．

　2011 年 6 月

福地純一郎
伊藤有希

目　　次

1. Rの基本 ……………………………………………………… 1
  1.1　Rのインストールと起動 ………………………………… 1
    1.1.1　Rのインストール ………………………………… 1
    1.1.2　Rの起動方法 ……………………………………… 3
  1.2　Rエディタの使い方 ……………………………………… 3
  1.3　追加パッケージのインストール方法と使用方法 ………… 4
    1.3.1　追加パッケージのインストール方法 ……………… 5
    1.3.2　パッケージの使用方法 …………………………… 5
    1.3.3　パッケージの管理など …………………………… 6
  1.4　Rの参考資料など ………………………………………… 6
    1.4.1　注 意 事 項 ………………………………………… 6
    1.4.2　総合的な情報サイト ……………………………… 6
    1.4.3　関数の情報 ………………………………………… 7

2. Rの操作 ……………………………………………………… 8
  2.1　計　　算 …………………………………………………… 8
    2.1.1　計算機として使う ………………………………… 8
    2.1.2　基本的な関数 ……………………………………… 9
  2.2　オブジェクト ……………………………………………… 10
    2.2.1　オブジェクトの作成 ……………………………… 10
    2.2.2　オブジェクトの確認と削除 ……………………… 11
  2.3　ベクトルの操作 …………………………………………… 13

2.3.1	ベクトルの作成	13
2.3.2	ベクトルの要素の抽出など	14
2.4	データ分析の準備	16
2.4.1	データの説明	16
2.4.2	ファイルの読み込みと保存	17
2.4.3	データの加工	20
2.5	基本統計量	21

3. 単回帰分析（クロスセクションデータ） 24

3.1	回帰モデル	24
3.2	最小2乗法	25
3.3	当てはまりの尺度	27
3.4	最小2乗推定量の性質	28
3.5	パラメータについての統計的推測	29
3.6	回帰係数についての仮説検定：t検定	31
3.7	Rで単回帰分析	32
3.7.1	データの説明	32
3.7.2	単回帰分析	33

4. 重回帰分析（クロスセクションデータ） 38

4.1	重回帰モデル	38
4.2	最小2乗法（重回帰分析）	40
4.3	回帰パラメータについての統計的推測	41
4.4	t検定（重回帰）	42
4.5	自由度調整済み決定係数	43
4.6	ダミー変数	43
4.7	線形制約の検定	44
4.8	Rで重回帰分析	46
4.8.1	Rで重回帰分析	47
4.8.2	ダミー変数の作成方法と分析	48

5. 不均一分散 52
5.1 不均一分散 52
5.2 不均一分散の検定 53
5.2.1 Breusch–Pagan 検定 53
5.2.2 White 検定 55
5.2.3 Goldfeld–Quandt 検定 55
5.3 不均一分散の下での推測 56
5.3.1 White の修正 57
5.3.2 GLS 59
5.3.3 WLS 61
5.4 R で不均一分散 62

6. 回帰分析（時系列データ） 69
6.1 系 列 相 関 69
6.1.1 時系列データの標準的仮定 69
6.1.2 系列相関とその原因 71
6.1.3 系列相関と AR(1) 72
6.2 系列相関の検定 72
6.2.1 誤差項が AR(1) モデルに従う場合 73
6.2.2 誤差項が AR(p) モデルに従う場合 75
6.3 系列相関のある場合の推定 76
6.3.1 FGLS 77
6.3.2 Newey–West の修正 78
6.4 R で時系列データを分析 79
6.4.1 データの説明 79
6.4.2 2 軸のグラフ作成 80
6.4.3 単回帰（時系列） 83
6.4.4 重回帰（時系列）とダミー変数 85
6.4.5 系列相関の検定 88
6.4.6 系列相関のある場合の推定 90

7. 定常時系列分析 ... 93
7.1 確率過程と定常時系列モデル ... 93
7.1.1 平均，自己共分散，自己相関係数の推定 ... 95
7.1.2 偏自己相関係数 ... 95
7.2 定常時系列モデル ... 96
7.2.1 AR モデル ... 96
7.2.2 MA モデル ... 97
7.2.3 ARMA モデル ... 97
7.2.4 ARIMA モデル ... 98
7.3 時系列モデルの推定 ... 99
7.4 R で AR(1) の分析 ... 102
7.5 R で ARMA(p, q) の分析 ... 106

8. ARCH と GARCH ... 110
8.1 ARCH ... 110
8.1.1 ARCH モデル ... 110
8.1.2 ARCH モデルの制約 ... 111
8.1.3 ARCH の検定 ... 112
8.1.4 ARCH モデルの推定方法 ... 113
8.2 GARCH ... 114
8.2.1 GARCH モデル ... 114
8.2.2 制約 ... 115
8.2.3 GARCH の推定方法 ... 115
8.2.4 ARCH と GARCH の長所と短所 ... 115
8.3 R で GARCH ... 116

9. 多変量時系列 ... 121
9.1 多変量確率過程とベクトル自己回帰モデル ... 121
9.1.1 多変量確率過程 ... 121
9.1.2 ベクトル自己回帰モデル ... 122

9.1.3　Granger の因果性検定 ……………………………………123
　　　9.1.4　インパルス応答関数 ………………………………………124
　9.2　R でベクトル自己回帰モデル ……………………………………125

10. 非定常時系列 …………………………………………………………132
　10.1　単　位　根 ……………………………………………………………132
　　　10.1.1　非定常過程 ………………………………………………133
　　　10.1.2　モ　デ　ル ………………………………………………133
　　　10.1.3　見せかけの回帰 …………………………………………134
　10.2　R で見せかけの回帰 …………………………………………………134
　10.3　単位根検定 ……………………………………………………………137
　　　10.3.1　Dickey–Fuller 検定 ……………………………………137
　　　10.3.2　ADF 検 定 ………………………………………………138
　　　10.3.3　Phillips–Perron 検定 ……………………………………138
　　　10.3.4　KPSS 検定 ………………………………………………139
　10.4　R で単位根検定 ………………………………………………………140
　10.5　共和分分析——Engle–Granger の方法—— ………………………146
　　　10.5.1　共　和　分 ………………………………………………146
　　　10.5.2　Engle–Granger 検定 ……………………………………146
　　　10.5.3　Phillips–Ouliaris 検定 …………………………………147
　10.6　R で共和分分析——Engle–Granger の方法—— …………………147
　10.7　共和分分析——Johansen の方法—— ……………………………149
　　　10.7.1　ベクトル誤差修正モデル ………………………………149
　　　10.7.2　Johansen 検定 ……………………………………………150
　　　10.7.3　線形トレンドを含むモデル ……………………………153
　10.8　R で共和分分析——Johansen の方法—— …………………………155

11. パネル分析 ………………………………………………………………158
　11.1　パネルデータとは ……………………………………………………158
　11.2　pooled OLS ……………………………………………………………159

11.3 固定効果モデル 160
11.4 変量効果モデル 161
11.5 Hausman 検定 162
11.6 R でパネル分析 163
　11.6.1 Pooled OLS 163
　11.6.2 固定効果モデルと変量効果モデル 165

A. 付録：統計的推測 170
　A.1 準　　備 170
　A.2 推　　定 171
　A.3 仮説検定 173

B. 付録：推定・検定一覧 176

参 考 文 献 179

索　　引 183

1 Rの基本

この章では，Rの基本的な使い方について解説する．Rのインストール方法，Rの起動方法，Rエディタの使い方，拡張パッケージの使い方について述べる．さらに，Rに関する参考文献をいくつか紹介する．

1.1　Rのインストールと起動

1.1.1　Rのインストール

本節では，R-2.12.1をWindows PCにインストールする方法について述べる．Rは定期的にバージョンを更新している．今後のバージョンではインストール方法などに多少の違いがあるかもしれない．

(a) Rのダウンロードサイトにアクセスする．たとえば http://cran.md.tsukuba.ac.jp/bin/windows/base/ など．

(b) ダウンロードサイトの Download R 2.12.1 for Windows というリンクをクリックして R-2.12.1-win.exe をダウンロードし，PC内の適当な場所に保存する．

(c) PC内に保存したR-2.12.1-win.exe[1]をダブルクリックして実行する．

(d) 図1.1〜1.8のようなダイアログが表示されるので[次へ]をクリックして

---

[1] Windows Vista や Windows 7 の場合，ユーザーアカウント制御（UAC）機能が強化されているため，インストールに問題が生じる場合がある．Rのインストールがうまくいかない場合は，R-2.12.1-win.exe を右クリックし「管理者として実行」を選択して実行し，インストールを行う．同様に（後で説明する）追加パッケージのインストールがうまくいかない場合は，Rを起動する際にアイコンを右クリックして，「管理者として実行」を選択して，Rを起動してパッケージをインストールする．

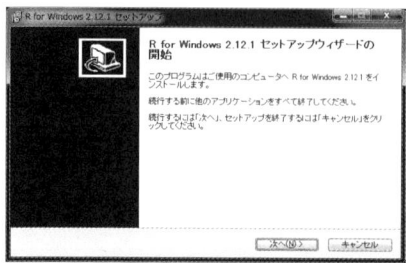

図 1.1　手順 1 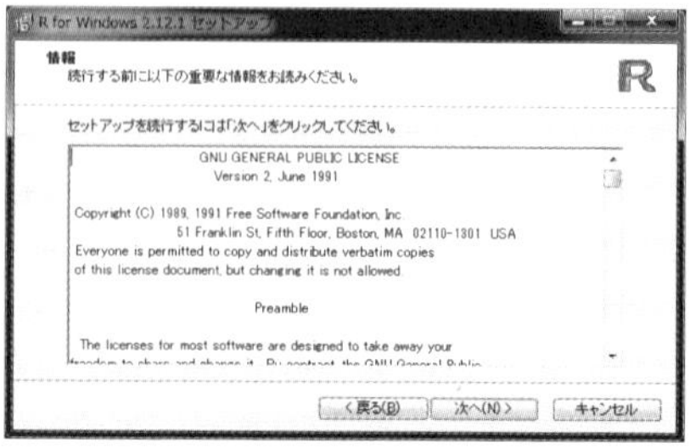　　　　　　　　　　　図 1.2　手順 2

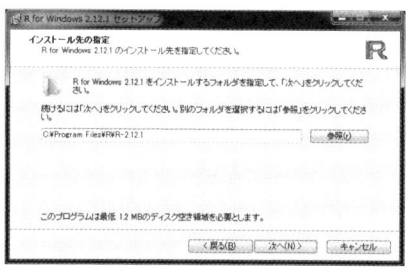
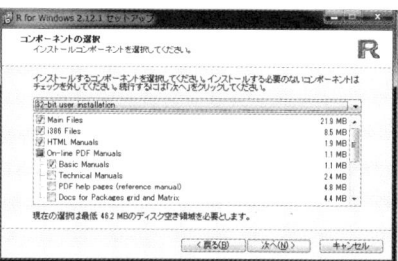

図 1.3　手順 3　　　　　　　　　　　図 1.4　手順 4

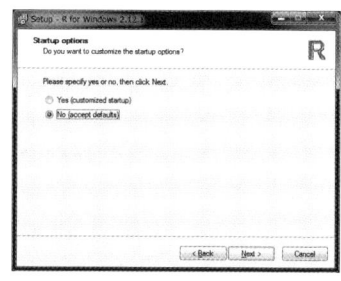

図 1.5　手順 5　　　　　　　　　　　図 1.6　手順 6

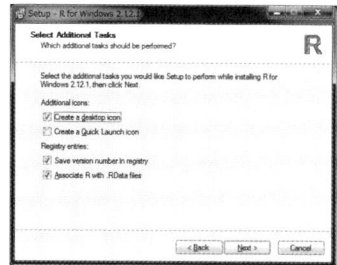

図 1.7　手順 7　　　　　　　　　　　図 1.8　手順 8

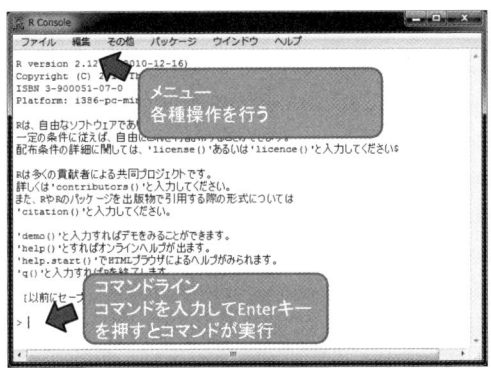

図 1.9 R Console

いき，最後に [完了] をクリックすることでインストールが終わる[*2]．基本的に初期設定を変更する必要はない．

1.1.2 R の起動方法

Windows で R を起動する方法と操作画面は以下のとおりである．

(a) Windows の [スタートメニュー]-[R 2.12.1] をクリックすることで R が起動する．

(b) 図 1.9 のような画面が表示される．以下これを R Console と呼び，> という記号が出ている部分をコマンドラインと呼ぶ．

1.2　R エディタの使い方

R には「R エディタ」というエディタ（プログラムなどを記述，編集する手伝いをするソフト）が付属している．R エディタでプログラムを記述，保存，実行でき，コマンドラインに直接打ち込むよりも便利である．以下で R エディタの使い方を紹介する．

(a) R Console のメニューから [ファイル]-[新しいスクリプト] をクリックすることで R エディタが起動する．

[*2] 図 1.5 と図 1.7 のダイアログは R 2.12.1 の日本語環境のインストールでは文字化けしてしまうため，英語環境のダイアログを載せた．

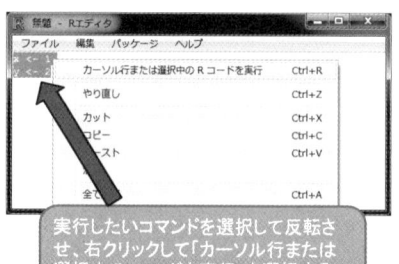

図 1.10 R エディタ

(b) R エディタで記述したコマンドを R エディタから実行する．実行したいコマンドを選択して反転させ，右クリックし「カーソル行または選択中の R コードを実行」を選択する（図 1.10 を参照）．選択したコマンドが R Console 上で実行される．

(c) R エディタで作成したプログラムの保存は R エディタメニューの「ファイル」-「保存」から行うことができる．初期設定では .r という拡張子で保存される．

1.3　追加パッケージのインストール方法と使用方法

　パッケージとは R の（追加的な）関数，機能，データなどをまとめたものである．R をインストールした状態ではパッケージ **base** などいくつかのパッケージ（これを基本パッケージと呼ぶ）がインストールされている．その他に世界中の研究者によってさまざまなパッケージ（追加パッケージと呼ぶことにする）が作られていて，web 上で公開されている．追加パッケージを自分の使用する PC にインストールすることで，基本パッケージには含まれない多くの関数，機能，データなどが使えるようになる．本書で用いる統計手法のなかには，追加パッケージを用いて実行するものも少なくない．以下，追加パッケージのインストール方法と使用方法について解説する．

1.3.1 追加パッケージのインストール方法

例として,パッケージ **xtable** をインストールする.例と異なるパッケージをインストールしたい場合は,以下の **xtable** をインストールしたいパッケージ名に変更すればよい.

(a) R Console に `install.packages("xtable")` と入力しエンターキーを押す[*3)]

(b) CRAN mirror というウィンドウが表示されるので適当なミラーサイト(たとえば Japan(Hyogo) や Japan(Tsukuba) など)をダブルクリックする

(c) 自動的にインストールが進む[*4)].

1.3.2 パッケージの使用方法

以前に追加パッケージをインストールしていたとしても,R を起動させた段階では基本パッケージ以外は読み込まれていない.追加パッケージに含まれるデータや関数を用いるためには,R を起動するたびに使用したい追加パッケージを読み込む必要がある.以下では,例としてパッケージ **xtable** の読み込み方法について述べる.

(a) パッケージ **xtable** を読み込む.関数 `library()` を用いる.`library("x")` は x というパッケージを読み込むという指示を意味する.複数のパッケージを同時に読み込みたい場合は `library("x","y","z")` などとすればパッケージ x,y,z を一度に読み込む.以下のようにコマンドラインのコマンドを打つことで,パッケージ **xtable** に含まれる関数,機能,データが使える.

```
library("xtable")
```

[*3)] 初回は「パッケージをインストールするために個人的なライブラリ'C:/Users/ユーザ ID/Documents/R/win-library/2.12' を作りたいのですか?」と尋ねられるので「はい」と答える.

[*4)] あるいは以下のような手順でインストールは可能である.
(a) Console メニューで [パッケージ]-[パッケージのインストール] をクリックする.
(b) パッケージの一覧が表示されるのでインストールしたいパッケージを選択する.

1.3.3 パッケージの管理など

自分の PC にインストールされているパッケージを調べたり，パッケージに関するヘルプを見る方法について述べる．

(a) すでにインストールされているパッケージを調べる．関数 search() を用いる．以下のように，コマンドラインにコマンドを打つことですでにインストールされているパッケージ名が出力される．

```
search()
```

(b) パッケージのヘルプを見る．library(help = "x") で x というパッケージに含まれる関数やデータなどの情報を得ることができる．以下のようにコマンドラインにコマンドを打つことでパッケージ xtable のヘルプを見ることができる．

```
library(help = "xtable")
```

1.4　Rの参考資料など

この節ではRを扱う際の注意事項とRに関する情報の調べ方をいくつか紹介する．

1.4.1 注意事項

Rを使用するうえでの注意事項を述べる．
- Rは大文字と小文字を区別する．よってxとXは違うコマンドとして認識される．後で説明するオブジェクト名などについても同様である．

1.4.2 総合的な情報サイト

以下のサイトにはRに関するさまざまな関数が例とともに載っているので参考になる．
- R-Tips

http://cse.naro.affrc.go.jp/takezawa/r-tips/r.html
- JIN'S PAGE
  http://www1.doshisha.ac.jp/~mjin/R/index.html
- RjpWiki
  http://www.okada.jp.org/RWiki/

1.4.3 関数の情報

R には膨大な関数が存在するが，その使用方法を調べるためには以下の方法などがある．

- R Console メニューから [help]-[html 検索ページ] をクリックし，表示されるページから検索．
- Cran で検索．
  http://cran.r-project.org/search.html
- R site search で検索．
  http://finzi.psych.upenn.edu/search.html

また，関数名がわかっていてその使い方が知りたい場合は，コマンドラインから?関数名と打つことでヘルプを見ることもできる．たとえば，関数 plot() について調べたい場合は，以下のようにコマンドラインにコマンドを打つことで関数 plot() のヘルプを見ることができる．

```
?plot
```

2 Rの操作

この章では，Rの基本的な操作方法について解説する．まず，単純な計算機としてRを使う方法やRのプログラミング方法について解説する．さらに，Rでベクトルを扱う方法と基本統計量を求める方法について述べる．

2.1 計算

この節では，Rを用いて簡単な計算を行う方法について述べる．

2.1.1 計算機として使う

(a) 加減乗除などの計算を行う．Rで+, -, *, /は加減乗除をそれぞれ表す．^はべき乗（累乗）を意味する．たとえば，x^yはx^yを意味する．例として，$5+3, 5-3, 5\times 3, \frac{5}{3}, 5^3, (5-2)\times 2$を計算する．コマンドラインに以下のように打ち込む．1行ごとにリターンキーを押すことで計算が実行される．

```
5+3
5-3
5*3
5/3
5^3
(5-2)*2
```

(b) 図2.1のようにそれぞれ，8, 2, 15, 1.666667, 125, 6という結果が出力される．

2.1 計　　算

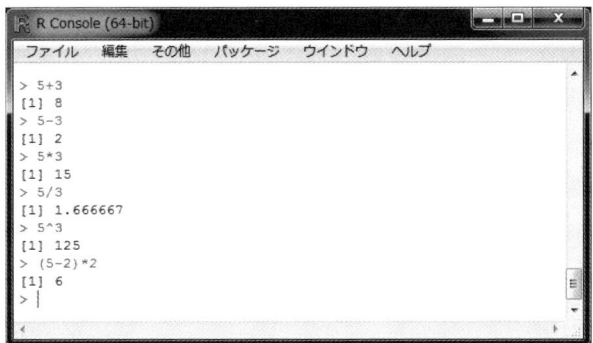

図 2.1　出力

2.1.2 基本的な関数

R にはさまざまな関数がすでに用意されているため，自分で複雑なプログラムを書かなくても基本的な関数を用いた計算を行うことができる．関数は自分で作ることもできるので，区別するために R の基本パッケージや追加パッケージに含まれる関数を**組込関数**と呼ぶことにする．ここでは基本的な組込関数の使い方について述べる．R で関数を使う際は関数名 (引数) というように記述する．引数とは関数のなかに代入する数値などを意味する．引数に数値以外のもの（たとえば文字列や別の関数）を代入できる場合もある．関数名 (引数 1, 引数 2, 引数 3) のように複数の引数を代入できる関数も多く存在する．各関数の詳細な使い方は 1.4.3 項で述べた方法などで調べることができる．

(a) R の組込関数を用いる．例として $e^1, \ln 5, \sqrt{2}, e^{\ln(5)} + \ln(e^4)$ を計算する．ただし，ln は自然対数である．関数 exp(), log(), sqrt() はそれぞれ指数関数，対数関数，平方根を表す．コマンドラインに以下のようにコマンドを打つ．

```
exp(1)
log(5)
sqrt(2)
exp(log(5))+log(exp(4))
```

(b) 図 2.2 のようにそれぞれ，2.718282, 1.609438, 1.414214, 9 という結果

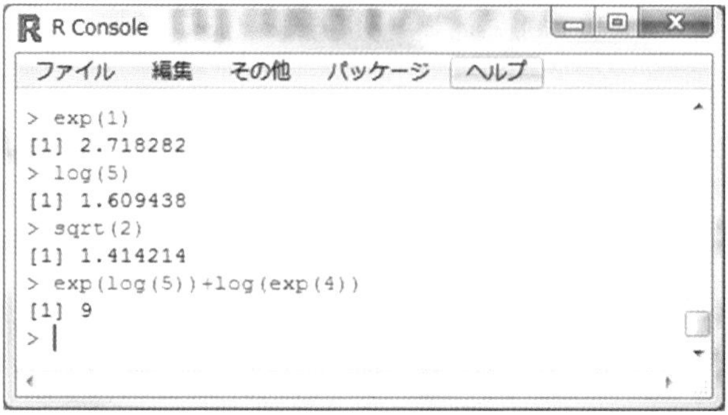
R Console
ファイル　編集　その他　パッケージ　ヘルプ
> exp(1)
[1] 2.718282
> log(5)
[1] 1.609438
> sqrt(2)
[1] 1.414214
> exp(log(5))+log(exp(4))
[1] 9
>

図 2.2　出力

が出力される.

2.2　オブジェクト

R で扱うスカラー，ベクトル，行列，回帰分析結果などのデータはすべてオブジェクトに代入して扱うことができる．R でプログラミングを行う際はオブジェクトを操作していくことになる．直感的にはオブジェクトとはベクトル，行列，回帰分析結果などを入れる容器であるとみなすことができる．以下ではオブジェクトの基本的な操作について述べる．

2.2.1　オブジェクトの作成

(a)　<-は，<-の右側にある数値や計算結果を<-の左側のオブジェクトに代入するという指示．以下では例として，x, y, result というオブジェクトにそれぞれ，5, 7+4, 5*exp(1)-sqrt(3) の計算結果を代入する．以下のようにコマンドを打つ．

```
x <- 5
y <- 7+4
result <- 5*exp(1)-sqrt(3)
```

(b)　オブジェクトの中身を出力する．コマンドラインにオブジェクトの名前

2.2 オブジェクト

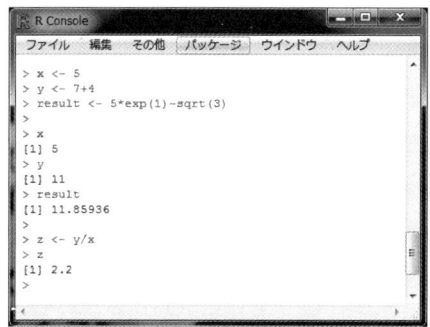

図 2.3 出力

を打ち，エンターキーを押すことでオブジェクトの中身が出力される．以下では (a) で作成した x, y, result の中身を出力する．それぞれ 5, 11, 11.85936 が保存されていることがわかる．

```
x
y
result
```

(c) オブジェクト同士を用いた計算の結果を新たなオブジェクトに代入する．例としてオブジェクト z に y/x の計算結果（この例では 2.2）を代入する．

```
z <- y/x
z
```

(d) 上記の操作は R Console 上で図 2.3 のように出力される．

2.2.2 オブジェクトの確認と削除

オブジェクトの確認と削除方法について述べる．R ではオブジェクトはすべてワークスペース (workspace) に保存される．

(a) 現在のワークスペースに保存しているオブジェクトを出力する．関数 ls()（あるいは関数 objects()）を用いる．ls() でワークスペース上のオブジェクトをすべて表示するという指示．

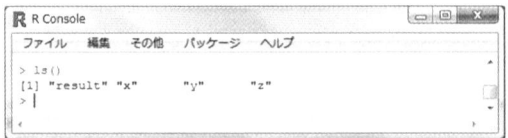

図 2.4 出力

```
ls()
```

(b) 2.2.1 項で作成した x, y, z, result が保存されているので，図 2.4 のような結果が出力される．

(c) 特定のオブジェクトを消去する．関数 rm()（あるいは関数 remove()）を用いる．rm(a) でオブジェクト a を削除するという指示．例としてオブジェクト z を削除する．

```
rm(z)
```

(d) 再び関数 ls() を用いてワークスペース上のオブジェクトを調べてみると，図 2.5 のようにオブジェクト z が削除されている．

```
ls()
```

(e) すべてのオブジェクトを消去する．rm(list=ls()) でワークスペース上のオブジェクトをすべて消去するという指示．例としてワークスペース上のオブジェクトをすべて消去する．

```
rm(list=ls())
```

(f) 再び ls() を用いてワークスペース上のオブジェクトを調べてみると，図 2.6 のようにすべてのオブジェクトが削除されている．

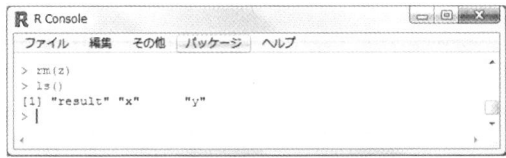

図 2.5 出力

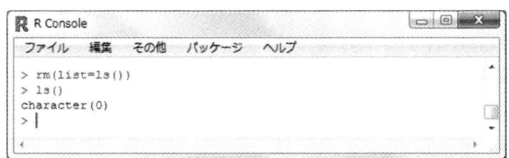

図 2.6 出力

2.3 ベクトルの操作

Rは基本的にベクトル演算に対してプログラムの最適化が行われている．つまり，スカラー形式のオブジェクトで計算するよりもベクトル形式のオブジェクトで計算を行った方が高速になる場合が多い．そのため，さまざまな場面でベクトル形式のオブジェクトを扱うことになる．この節ではベクトル形式のオブジェクトの操作方法について解説を行う．

2.3.1 ベクトルの作成

本項ではいくつかのベクトル形式のオブジェクトの作成方法について述べる．

(a) ベクトルの作成を行う．関数 c() を用いる．c(a1,a2,a3,a4) で要素が $a1, a2, a3, a4$ であるベクトルを作成するという指示．例として，1, 0.4, 0.7, 4, 13.9, 2 という要素で構成されるベクトルを作成し，オブジェクト x に代入する．

```
x <- c(1, 0.4, 0.7, 4, 13.9, 2)
```

(b) 0ベクトルを作る．関数 numeric() を用いる．numeric(a) で要素が a 個である0ベクトルを作成するという指示．例として要素が6個である0ベクトルを作成し，オブジェクト zeros に代入する．

```
zeros <- numeric(6)
```

(c) すべての要素が同じ値であるようなベクトルを作る．関数 rep() を用いる．rep(a,b) は，すべての要素が a であり，要素の数が b であるベク

トルを作成する．例としてすべての要素が 1 であり，要素の数が 6 であるベクトルを作成し，オブジェクト ones に代入する．

```
ones <- rep(1,6)
```

(d) 等差数列からなるベクトルを作る．関数 seq() を用いる．seq(from = a, to = b, by = c) で a〜b まで c ずつ増加する要素からなるベクトルを作るという指示．例として 2〜12 まで 2 ずつ増加する要素からなるベクトルを作り，オブジェクト y に代入する．

```
y <- seq(from = 2, to = 12, by = 2)
```

(e) 要素の値が 1 ずつ増えるようなベクトルを作る．: を用いる．a:b で a〜b まで要素が 1 ずつ増加するベクトルを作るという指示．例として 1〜6 まで 1 ずつ値が増えるベクトルを作り，オブジェクト z に代入する．

```
z <- 1:6
```

(f) 2 つのベクトルを結合させて 1 つのベクトルを作る．関数 c を用いる．c(a,b) でベクトル形式のオブジェクト a, b を結合する（a の要素の後に b の要素を並べたベクトルを作る）という指示．例として上で作成したベクトル形式のオブジェクト x と z を結合する．

```
con <- c(x,z)
```

(g) 上記の操作は R Console 上で図 2.7 のように出力される．

2.3.2　ベクトルの要素の抽出など

ベクトルの要素の抽出方法について述べる．以下では 2.3.1 項の (a) で作ったオブジェクト（ベクトル）x を用いる．

(a) ベクトルの長さを調べる．関数 length() を用いる．length(y) でオブジェクト y の要素の数を調べるという指示．例としてベクトル x の長さを調べる．

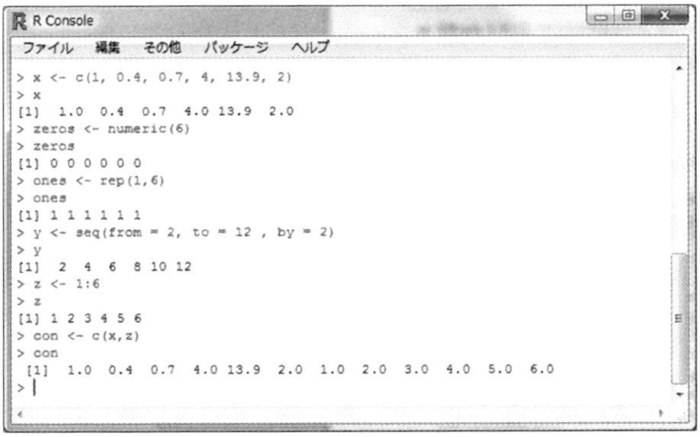
R Console
ファイル　編集　その他　パッケージ　ヘルプ
> x <- c(1, 0.4, 0.7, 4, 13.9, 2)
> x
[1] 1.0 0.4 0.7 4.0 13.9 2.0
> zeros <- numeric(6)
> zeros
[1] 0 0 0 0 0 0
> ones <- rep(1,6)
> ones
[1] 1 1 1 1 1 1
> y <- seq(from = 2, to = 12 , by = 2)
> y
[1] 2 4 6 8 10 12
> z <- 1:6
> z
[1] 1 2 3 4 5 6
> con <- c(x,z)
> con
 [1] 1.0 0.4 0.7 4.0 13.9 2.0 1.0 2.0 3.0 4.0 5.0 6.0
>

図 **2.7**　出力

```
length(x)
```

(b)　特定の位置にある要素を取り出す．y[a] でオブジェクト y の a 番目の要素を出力するという指示．例としてオブジェクト x の 3 番目の要素を抽出する．

```
x[3]
```

(c)　特定の位置にある要素を複数取り出す．y[c(a,b)] でオブジェクト y の a 番目と b 番目の要素を出力するという指示．例として，x の 2 番目と 3 番目の要素を抽出する．

```
x[c(2,3)]
```

(d)　特定の位置にある要素を除いた他の要素を取り出す．オブジェクト y に対して y[c(-a,-b)] というコマンドで a 番目と b 番目の要素を除いた他の要素を出力するという指示．例として x の 2 番目と 3 番目の要素以外の要素を出力する．

```
x[c(-2,-3)]
```

(e)　条件を満たす要素のみを取り出す．オブジェクト x に対して x[条件式]

で条件を満たす要素を出力する．条件は等号==，等しくない!=，不等号（それぞれ，より大きいとより小さい）>，<，等号つき不等号（それぞれ以上と以下）>=，<=などの演算子を用いて表現する．=は R では等号を表す演算子としては使えないことに注意されたい．例として x の要素で 13.9 に等しい要素，3 より大きい要素をそれぞれ抽出する．

```
x[x==13.9]
x[x>3]
```

(f) 複数の条件に当てはまる要素を取り出す．「and（かつ）」を意味する&，「or（または）」を意味する|で複数の条件を組み合わせて使うことができる．例として，x の要素で 2 以上かつ 4 以下の要素，2 未満または 4 より大きい要素をそれぞれ抽出する．

```
x[x>=2 & x<=4]
x[x<2 | x>4]
```

(g) 要素を変更する．y[a]<-b でオブジェクト y の a 番目の要素を b（スカラー）にするという指示．例として x の 3 番目の要素を 1000 にする．

```
x[3] <- 1000
```

(h) 上記の操作は R Console 上で図 2.8 のように出力される．

2.4　データ分析の準備

　本節ではデータ分析を行う前の準備を行う．R にデータを読み込ませる方法やデータの構造の調べ方などについて解説する．

2.4.1　データの説明

　この章で用いるデータについて述べる．本項では都道府県ごとのクロスセクションデータを用いて，都道府県ごとのコンビニエンスストアの数がどのような要因に影響を受けるかを分析する．データは総務省，『社会生活統計指標—

2.4 データ分析の準備

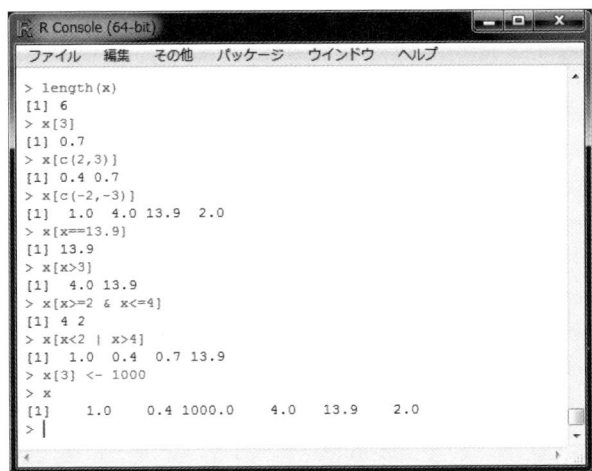

図 2.8 出力

表 2.1 もとのデータに含まれる変数

変数名	意味（単位）
car	1000 人あたりの自家用自動車の台数（台）
conv	コンビニエンスストアの数（件）
divorce	離婚率
gpp	県内総生産額（億円）
gsm	総合スーパーマーケットの数（件）
income	勤労者世帯の 1 世帯あたり 1 月間の実収入（1000 円）
nm_m_30	未婚者割合（30〜34 歳男性）
nm_f_30	未婚者割合（30〜34 歳女性）
pop	人口総数（1000 人）
sm	専門スーパーマーケットの数
w_pop	生産年齢人口割合（15〜64 歳人口）

都道府県の指標—』[*1)]および，経済産業省『商業統計』[*2)]による．用いたデータは 2005 年のものである．データに含まれる変数については表 2.1 にまとめた．

2.4.2 ファイルの読み込みと保存

R に直接ベクトルなどを手作業で打ち込むことでデータを入力することもできるが，実証分析を行う際はすでに用意されているデータファイルを読み込ん

[*1)] http://www.stat.go.jp/data/ssds/5.htm より入手可能．
[*2)] http://www.meti.go.jp/statistics/tyo/syougyo/index.html より入手可能．

で分析することが多い．本項では後者について述べる．R はさまざまなタイプの形式のファイルの読み込みが可能であるが，本項では CSV ファイルの読み込みと保存方法について述べる[*3]．

以下では例として，C ドライブの rdata というフォルダに置かれている cv.csv というファイルを読み込む方法を述べる．使用する PC 環境によってファイルの置き場所が以下の例と違う場合は適宜読み替えられたい．

(a) CSV ファイルの読み込みを行う．関数 read.csv() を用いる．read.csv("ファイルが置かれている場所とファイル名") で指定したフォルダにある特定の CSV ファイルを読み込むという指示．例として C ドライブの rdata というフォルダに置かれている cv.csv というファイルの中身を読み込み，cvdata というオブジェクトに代入する．

```
cvdata <- read.csv("C:/rdata/cv.csv")
```

(b) 読み込んだデータセットを表示する．2.2.1 項で述べたようにオブジェクト名を入力することで，オブジェクトの中身を出力することができる．例として cvdata の中身を出力する．cv.csv の 1 行目が変数名，2 行目以降がデータとして読み込まれている．

```
cvdata
```

(c) データの構造を調べる．関数 str() を用いる．str(x) はオブジェクト x の構造を出力するという指示．例として cvdata の構造を調べる．

```
str(cvdata)
```

(d) 図 2.9 のように結果が出力される．内容を要約すると，cvdata というオブジェクトはデータフレームという型であり，標本の大きさは 47 で 12 の変数を含む．

[*3] 以下で説明する方法ですべてのファイル形式が読み込めるわけではない．たとえば Excel 形式のファイル (.xls) はこの方法では読み込めない．ただし，Excel 形式のファイルをあらかじめ Excel で CSV 形式に変換し保存しておけば，以下で説明する方法でデータを読み込むことが可能である．

2.4 データ分析の準備

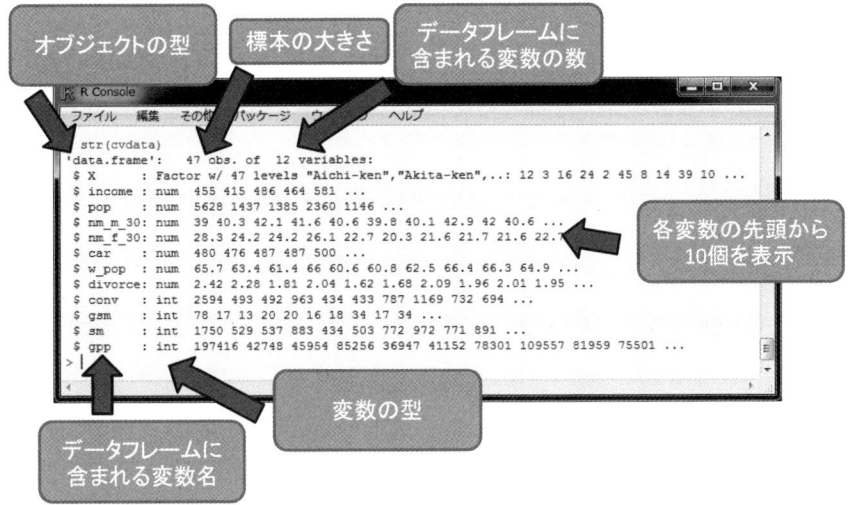

図 2.9 関数 str() の出力結果

データフレームに含まれる変数は X, income, pop, nm_m_30, nm_f_30, car, w_pop, divorce, conv, gsm, sm, gpp である．X はファクター型 (Factor), income, pop, nm_m_30, nm_f_30, car, w_pop, divorce は実数型 (num), その他の変数は整数型 (int) である．さらに，各変数の先頭から 10 個のデータが出力されている．

データの型などは R でプログラムを行ううえで重要であるが，本書ではそれらの詳細について解説しない．詳細は間瀬 (2007) や舟尾 (2009) などを参照されたい．

(e) データフレーム内の変数を出力する．データフレーム名 \$a で，データフレームに含まれる特定の変数 a をベクトル形式で出力することができる．これを用いて計算を行うこともできる．例としてデータフレーム cvdata に含まれる変数 pop を出力する．

```
cvdata$pop
```

(f) オブジェクト（データフレーム）を CSV 形式で保存する．関数 write.csv() を用いる．write.csv(y, "b") は，b でファイルの場

所とファイル名を指定して，データフレーム y を CSV 形式で保存するという指示．例としてオブジェクト cvdata を C ドライブの rdata フォルダに new_file.csv という名前で保存する．

```
write.csv(cvdata,"C:/rdata/new_file.csv")
```

2.4.3 データの加工

実際の分析では，データが与えられたときに自分が分析したい形に変形する必要が出てくる場合が多い．本項ではデータを加工・変形する方法についていくつか解説する．2.4.2 項と同じデータを用いて分析する．ただし，本項で例として加工を行ったデータは他の節で分析用に用いないので注意されたい．

(a) 既存の変数を変形する．a <- a を変形させる指示でオブジェクト a を変形したものに差し替える．練習のため都道府県データをもう一度読み込む．例として都道府県データを読み込み pop が人口（単位：1000 人）であるのを人口（単位：1 人）にする．

```
cvdata <- read.csv("C:/rdata/cv.csv")
cvdata$pop <- cvdata$pop *1000
```

(b) 新しい変数を作る．x$b <- ベクトルを出力する指示でデータフレーム x に新たな変数 b を作り，指定したベクトルを代入するという指示．例として1人あたりの県民所得（県内総生産÷人口）（億円）を計算する．

```
cvdata$gpp_pop <- cvdata$gpp / cvdata$pop
```

(c) 条件を満たすデータ（行）を抽出する．関数 subset() を用いる．subject(x,条件式) はデータフレーム x から条件を満たすデータ (行) のみを抽出するという指示．例として1人あたりの県民所得が 0.035（億円）以上の都道府県（行）を抽出し，そのデータを新しいオブジェト cvdata2 に代入する．

```
cvdata2 <- subset(cvdata, gpp_pop>= 0.035)
```

2.5　基　本　統　計　量

　この節では，Rで基本統計量を求める方法について解説する．本書では一般的な統計学の理論や基本統計量について詳しくは扱わない．詳細は東京大学教養学部統計学教室 (1991)，刈屋・勝浦 (2008)，倉田・星野 (2009)，野田・宮岡 (1990)，小暮 (2009) などを参照されたい．

　2.4.2 項と同じデータを用いて，標本の大きさ (sample size) や基本統計量の求め方について解説する．

(a) 標本の大きさを調べる．関数 length() を用いる．データフレームの標本の大きさを調べるには，データフレームに含まれる変数のベクトルの要素の数を調べればよい．2.4.3 項で cvdata を加工しているので都道府県データをもう一度読み込む．例として都道府県データを読み込み cvdata の標本の大きさを調べる．cvdata$pop のベクトルの要素の数を調べればよい．

```
cvdata <- read.csv("C:/rdata/cv.csv")
length(cvdata$pop)
```

(b) データを抽出する．x[, c("a1","a2","a3")] でオブジェクト（データフレーム）x に含まれる変数 a1, a2, a3 を抽出するという指示．例としてオブジェクト（データフレーム）cvdata に含まれる変数 pop, gpp, conv を抽出し，オブジェクト（データフレーム）cvdata3 に代入するという指示．

```
cvdata3 <- cvdata[,c("pop","gpp","conv")]
```

(c) データの最小値，第 1 四分位，標本平均，中央値，第 3 四分位，最大値を調べる．関数 summary() を用いる．summary(x) でオブジェクト（デー

タフレーム）x に含まれる各変数の最小値，第 1 四分位，標本平均，中央値，第 3 四分位，最大値を出力するという指示．例として cvdata3 に含まれる変数の最小値，第 1 四分位，中央値，標本平均，第 3 四分位，最大値を調べる．

```
summary(cvdata3)
```

分析結果の一部を見る．変数 pop の基本統計量は最小値 (min) が 607，第 1 四分位 (1st Qu.) が 1164，中央値 (Median) が 1753，標本平均 (Mean) が 2718，第 3 四分位 (3rd Qu.) が 2762，最大値 (Max.) が 12577 となった．

```
> summary(cvdata3)
      pop              gpp              conv
 Min.   :  607   Min.   : 20057   Min.   : 142.0
 1st Qu.: 1164   1st Qu.: 37327   1st Qu.: 366.5
 Median : 1753   Median : 59248   Median : 493.0
 Mean   : 2718   Mean   :109823   Mean   : 909.3
 3rd Qu.: 2762   3rd Qu.:104927   3rd Qu.: 896.5
 Max.   :12577   Max.   :922694   Max.   :5453.0
```

(d) 不偏分散と不偏共分散，標準偏差，相関係数を求める．関数 var()，sd()，cor() を用いる．var(x),sd(x),cor(x) はそれぞれオブジェクト（データフレーム）x に含まれる各変数の不偏分散共分散行列，各変数の標準偏差，各変数間の相関係数を出力するという指示．標本 $x_1, x_2, \ldots, x_n$ が与えられたとき，標本平均を $\bar{x}$ とすると，不偏分散，標準偏差は以下のように与えられる．

$$標本平均 = \bar{x} = \frac{1}{n} \sum_{i=1}^{n} x_i$$

$$不偏分散 = \frac{1}{n-1} \sum_{i=1}^{n} (x_i - \bar{x})^2$$

$$標準偏差 = \sqrt{\frac{1}{n-1} \sum_{i=1}^{n} (x_i - \bar{x})^2}$$

例として cvdata3 に含まれる変数 pop, gpp, conv の不偏分散，標準偏差，相関係数を求める．

```
var(cvdata3)
sd(cvdata3)
cor(cvdata3)
```

分析結果の一部を見る．変数 pop, gpp, conv の分散はそれぞれ 6739226, 21998634289, 991169.4 となった．また，変数 pop と gpp の共分散は 356392802, 変数 gpp と conv の共分散は 141292516.9 となった．

```
> var(cvdata3)
            pop         gpp         conv
pop     6739226   356392802    2518575.1
gpp   356392802 21998634289  141292516.9
conv    2518575   141292517      991169.4
```

分析の結果，変数 pop, gpp, conv の標準偏差はそれぞれは 2596.002, 148319.366, 995.575 となった．

```
> sd(cvdata3)
      pop         gpp        conv
 2596.002  148319.366     995.575
```

分析結果の一部を見る．変数 pop と gpp の相関係数は 0.9256057, 変数 gpp と conv の相関係数は 0.9568577 となった．

```
> cor(cvdata3)
           pop       gpp      conv
pop  1.0000000 0.9256057 0.9744868
gpp  0.9256057 1.0000000 0.9568577
conv 0.9744868 0.9568577 1.0000000
```

3 単回帰分析
（クロスセクションデータ）

　この章では回帰分析のなかで最もシンプルな単回帰分析について解説をする．線形回帰分析は，1つの変数を他の変数の線形関数で説明する分析方法である．説明される変数を**被説明変数**，説明する方の変数を**説明変数**という．説明変数が（定数項を除いて）1つのとき，特に**単回帰** (simple linear regression) と呼ぶ．説明変数が2つ以上の場合は**重回帰** (multiple linear regression) と呼び，重回帰分析については第4章で解説を行う．

　経済データについて単回帰分析を行うことで，ある経済変数が他の経済変数にどのように影響を及ぼしているのかを分析することができる．たとえば，個人の1週間の平均労働時間が1時間増えるごとに（平均的には）個人の所得は何円増えるのか，減るのか，あるいは労働時間は所得に影響を与えないのかといった分析に応用が可能である．

　第3，4章および第5章では，ある一時点（一定期間）の複数の国，県，企業あるいは個人などのデータを集めたクロスセクションデータに対する回帰分析について解説を行う．さらに，この章では都道府県データを用いて，Rによる単回帰分析の方法，散布図や回帰直線を描く方法などについて説明を行う．

3.1　回帰モデル

　線形回帰モデル (linear regression model) とは，i 番目の個体について計測される被説明変数の値 y_i が，説明変数の値 x_i の一次関数と誤差項 u_i の和で表されるモデルのことである．説明変数の標本をベクトル $\boldsymbol{x} = (x_1, \ldots, x_n)'$ で表す．経済データでは，説明変数，被説明変数どちらも確率変数であると考え

るのが自然であるので，本書でもそのような仮定の下で回帰分析の理論を説明する．以下は，単回帰モデルについての仮定である．

仮定 3.1（線形性） 各個体 $i = 1, 2, \ldots, n$ に対して，y_i と x_i の間には以下の関係がある．

$$y_i = \beta_0 + \beta_1 x_i + u_i \quad (i = 1, 2, \ldots, n) \tag{3.0}$$

ただし，β_0, β_1 は未知パラメーターであり，u_i は誤差項である．

仮定 3.2 $x_1, x_2, \ldots, x_n$ はすべて同じ値にはならない．

仮定 3.3（誤差項の条件付き期待値が 0）

$$\mathrm{E}[u_i | \boldsymbol{x}] = 0 \quad (i = 1, 2, \ldots, n)$$

仮定 3.4（誤差項の条件付き均一分散性）

$$\mathrm{E}[u_i^2 | \boldsymbol{x}] = \sigma^2 > 0 \quad (i = 1, 2, \ldots, n)$$

仮定 3.5（誤差項の条件付き無相関性）

$$\mathrm{E}[u_i u_j | \boldsymbol{x}] = 0 \quad (i, j = 1, 2, \ldots, n,\ i \neq j)$$

3.2　最小 2 乗法

最小 2 乗法とは y_i の観測値と当てはめ値の差の 2 乗の和を最小にするようにパラメーターを推定する方法である．(3.0) 式では β_0 と β_1 がパラメータである．β_0, β_1 の推定値 $\hat{\beta}_0, \hat{\beta}_1$ を以下のような最適化問題の解と定義する．

$$\min_{b_0, b_1} \sum_{i=1}^{n} (y_i - b_0 - b_1 x_i)^2$$

ただし，b_0, b_1 は最適化問題の変数とする．

$Q(b_0, b_1) = (y_i - b_0 - b_1 x_i)^2$ とおくと，$(\hat{\beta}_0, \hat{\beta}_1)$ がこの問題の解であるための必要条件は

$$\frac{\partial Q(\hat{\beta}_1, \hat{\beta}_2)}{\partial b_0} = 0$$

$$\frac{\partial Q(\hat{\beta}_1, \hat{\beta}_2)}{\partial b_1} = 0$$

であることが知られている．この条件を 1 階の条件 (first order condition, F.O.C.) と呼ぶ．1 階の条件を計算すると

$$\frac{\partial Q(\hat{\beta}_0, \hat{\beta}_1)}{\partial b_0} = -2\sum_{i=1}^n \left(y_i - \hat{\beta}_0 - \hat{\beta}_1 x_i\right) = 0$$

$$\frac{\partial Q(\hat{\beta}_0, \hat{\beta}_1)}{\partial b_1} = -2\sum_{i=1}^n x_i\left(y_i - \hat{\beta}_0 - \hat{\beta}_1 x_i\right) = 0$$

となり，これを変形すると

$$n\hat{\beta}_0 + \hat{\beta}_1 \sum_{i=1}^n x_i = \sum_{i=1}^n y_i \tag{3.1}$$

$$\hat{\beta}_0 \sum_{i=1}^n x_i + \hat{\beta}_1 \sum_{i=1}^n x_i^2 = \sum_{i=1}^n x_i y_i \tag{3.2}$$

となる．(3.1), (3.2) 式は**正規方程式**と呼ばれる．これを解くと

$$\hat{\beta}_1 = \frac{\sum_{i=1}^n (x_i - \bar{x})(y_i - \bar{y})}{\sum_{i=1}^n (x_i - \bar{x})^2} \tag{3.3}$$

$$\hat{\beta}_0 = \bar{y} - \hat{\beta}_1 \bar{x} \tag{3.4}$$

となる．ただし，$\bar{x}, \bar{y}$ はそれぞれ x, y の標本平均である．このようにして得られた $\hat{\beta}_0, \hat{\beta}_1$ を β_0, β_1 の**最小 2 乗推定量** (least squares estimator) と呼ぶ[*1]．最小 2 乗推定量を **OLS 推定量** (ordinary least squares estimator) と呼ぶことも多い．

$i = 1, 2, \ldots, n$ に対して，説明変数が x_i のときの回帰式による y_i の値を

$$\hat{y}_i = \hat{\beta}_0 + \hat{\beta}_1 x_i \quad (i = 1, 2, \ldots, n)$$

で表し，y_i の**回帰値**あるいは**当てはめ値** (fitted value) という．観測値と回帰値の差を**残差** (residual) と呼び，以下のように定義する．

$$\hat{u}_i = y_i - \hat{y}_i = y_i - \hat{\beta}_0 - \hat{\beta}_1 x_i \quad (i = 1, 2, \ldots, n) \tag{3.5}$$

[*1] パラメーターを推定する量（確率変数）を推定量と呼び，具体的な観測値を用いて推定量を計算した値を推定値と呼ぶ．

3.3 当てはまりの尺度

回帰分析の結果,モデルがデータに対してどの程度当てはまっているのかを調べたい.当てはまり具合を表す尺度はいくつか存在するが,そのなかでも最もよく使われる決定係数 (coefficient of determination) に関して解説する.

まず,(3.5) 式より $i=1,2,\ldots,n$ に対して

$$y_i = \hat{y}_i + \hat{u}_i$$

であった.被説明変数の平均からの乖離の2乗和を全変動 (total sum of squares, SST) と呼ぶ.全変動は,簡単な計算により説明変数によって説明された変動 (explained sum of squares, SSE) と残差の変動 (redidual sum of squares, SSR) に分解することができる.以上を式で表現すると以下のようになる.

$$SST = \sum_{i=1}^{n}(y_i - \bar{y})^2$$
$$SSE = \sum_{i=1}^{n}(\hat{y}_i - \bar{y})^2$$
$$SSR = \sum_{i=1}^{n}\hat{u}_i^2$$
$$SST = SSE + SSR$$

決定係数 R^2 を,以下のように説明された変動を全変動で除したものと定義する.つまり,決定係数は被説明変数のすべての変動に対して,回帰分析に用いた説明変数で説明できる割合を意味する.

$$R^2 = \frac{SSE}{SST} = 1 - \frac{SSR}{SST} \tag{3.6}$$

定義から決定係数は0から1までの値をとり,値の大きい方がモデルの当てはまりが良いことを表す.また単回帰分析の場合,決定係数は標本相関係数の2乗となる.ただし,定数項のないモデルでの決定係数の扱いについては注意が必要である.詳細は山本(1995, 4.6 節)や Greene (2007, Section 3.5.2) を参考にされたい.

3.4 最小2乗推定量の性質

仮定 3.1～3.4 あるいは仮定 3.1～3.5 の下で,最小 2 乗推定量 $\hat{\beta}_i$ の期待値,分散について以下の性質が導かれる.パラメータの値によらず,パラメータの推定量の期待値がパラメータの値に等しいときその推定量は不偏[*2)]であるという.

定理 3.1(最小 2 乗推定量の不偏性) 仮定 3.1～3.3 の下で,以下が成り立つ.

$$\mathrm{E}\bigl[\hat{\beta}_1|\boldsymbol{x}\bigr] = \beta_1$$
$$\mathrm{E}\bigl[\hat{\beta}_0|\boldsymbol{x}\bigr] = \beta_0$$

定理 3.2(最小 2 乗推定量の条件付き分散) 仮定 3.1～3.5 の下で,以下が成り立つ.

$$\mathrm{Var}\bigl[\hat{\beta}_1|\boldsymbol{x}\bigr] = \frac{\sigma^2}{\sum_{i=1}^{n}(x_i - \bar{x})^2}$$
$$\mathrm{Var}\bigl[\hat{\beta}_0|\boldsymbol{x}\bigr] = \sigma^2 \left\{ \frac{n^{-1}\sum_{i=1}^{n} x_i^2}{\sum_{i=1}^{n}(x_i - \bar{x})^2} \right\}$$

定理 3.3 (Gauss–Markov の定理) 仮定 3.1～3.5 の下で,最小 2 乗推定量 $\hat{\beta}_i$ は最良線形不偏推定量 (best linear unbiased estimator, BLUE) である.つまり β_i $(i=0,1)$ の任意の線形不偏推定量 $\tilde{\beta}_i$ 対して

$$\mathrm{Var}(\hat{\beta}_i|\boldsymbol{x}) \leq \mathrm{Var}(\tilde{\beta}_i|\boldsymbol{x})$$

が成り立つ.$\boldsymbol{x}$ に関して期待値をとれば

$$\mathrm{Var}(\hat{\beta}_i) \leq \mathrm{Var}(\tilde{\beta}_i) \tag{3.7}$$

が成り立つ.

[*2)] 推定量の性質についての一般的定義は A 章を参照せよ.

定理 3.4（最小 2 乗推定量の一致性） n 個のベクトル $(y_i, x_i), i = 1, \ldots, n$ は i.i.d.[*3)]であり，仮定 3.1～3.5 が満たされるとする．このとき最小 2 乗推定量 $\hat{\beta}_1, \hat{\beta}_0$ は一致推定量である．

最小 2 乗推定量が一致推定量であることは，標本の大きさ n が大きくなるにつれて $\hat{\beta}_i$ の確率分布が真のパラメータ値 β_i の回りに集中していくことを意味する．定理 3.4 の証明は，たとえば山本 (1995) の 10 章を参照せよ．

3.5 パラメータについての統計的推測

この節では，単回帰モデルにおける，パラメータの統計的推測について説明をする．次の仮定は，パラメータ $\beta_0, \beta_1, \sigma^2$ についての有限標本における統計的推測を行うために必要である．

仮定 3.6（誤差項の正規性） 誤差項 $(u_1, \ldots, u_n)$ は説明変数 x と独立である．また $u_1, \ldots, u_n$ は独立で，それぞれ平均 0，分散 σ^2 の正規分布に従う．

$$u_i \sim N\left(0, \sigma^2\right) \quad (i = 1, 2, \ldots, n)$$

仮定 3.6 が成り立つとき，仮定 3.3～3.5 が成り立つことに注意せよ．

本書では仮定 3.1～3.6 を**標準的仮定**と呼ぶ．なお，標準的仮定はさらに緩めたり，他の表現を用いることもできるが本書では詳細に触れない．

(3.3), (3.4) 式を変形すると

$$\hat{\beta}_1 = \beta_1 + \frac{\sum_{i=1}^{n} (x_i - \bar{x}) u_i}{\sum_{i=1}^{n} (x_i - \bar{x})^2}$$

$$\hat{\beta}_0 = \beta_0 - \sum_{i=1}^{n} \left\{ \frac{\bar{x}(x_i - \bar{x})}{\sum_{i=1}^{n} (x_i - \bar{x})^2} - \frac{1}{n} \right\} u_i$$

を得ることができる．独立に正規分布に従う確率変数の加重和は正規分布に従うので，仮定 3.1～3.6 の下では，

[*3)] independently and identically distributed の略で，独立に同一の分布に従うことを意味する．

$$\hat{\beta}_1 | \boldsymbol{x} \sim N\left(\beta_1, \frac{\sigma^2}{\sum_{i=1}^n (x_i - \bar{x})^2}\right)$$
$$\hat{\beta}_0 | \boldsymbol{x} \sim N\left(\beta_0, \sigma^2 \left\{\frac{n^{-1} \sum_{i=1}^n x_i^2}{\sum_{i=1}^n (x_i - \bar{x})^2}\right\}\right) \quad (3.8)$$

が成り立つ. $|\boldsymbol{x}$ は $\boldsymbol{x} = (x_1, x_2, \ldots, x_n)$ を与えたときの条件付き分布を表す. $\hat{\beta}_0, \hat{\beta}_1$ をそれぞれ標準化すると

$$\frac{\hat{\beta}_1 - \beta_1}{\sigma / \sqrt{\sum_{i=1}^n (x_i - \bar{x})^2}} \bigg| \boldsymbol{x} \sim N(0, 1)$$
$$\frac{\hat{\beta}_0 - \beta_0}{\sigma \times \sqrt{\frac{n^{-1} \sum_{i=1}^n x_i^2}{\sum_{i=1}^n (x_i - \bar{x})^2}}} \bigg| \boldsymbol{x} \sim N(0, 1) \quad (3.9)$$

が成り立つ. 誤差項の分散 σ^2 の推定量 $\hat{\sigma}^2$ は残差を用いて

$$\hat{\sigma}^2 = \frac{1}{n-2} \sum_{i=1}^n \hat{u}_i^2$$

と定義される. $\hat{\sigma}^2$ は σ^2 の不偏推定量である. $\hat{\beta}_1, \hat{\beta}_0$ の標準偏差 $\sigma / \sqrt{\sum_{i=1}^n (x_i - \bar{x})^2}$, $\sigma \times \sqrt{\frac{n^{-1} \sum_{i=1}^n x_i^2}{\sum_{i=1}^n (x_i - \bar{x})^2}}$ の σ を $\hat{\sigma} = \sqrt{\hat{\sigma}^2}$ で置き換えた

$$\mathrm{se}(\hat{\beta}_1) = \frac{\hat{\sigma}}{\sqrt{\sum_{i=1}^n (x_i - \bar{x})^2}}$$
$$\mathrm{se}(\hat{\beta}_0) = \hat{\sigma} \times \sqrt{\frac{n^{-1} \sum_{i=1}^n x_i^2}{\sum_{i=1}^n (x_i - \bar{x})^2}}$$

はそれぞれ $\hat{\beta}_1, \hat{\beta}_0$ の**標準誤差** (standard error) と呼ばれる[*4].

(3.9) 式の分母を対応する標準誤差で置き換えた統計量は自由度 $n-2$ の t 分布に従うことがわかっている. つまり

$$\frac{\hat{\beta}_1 - \beta_1}{\mathrm{se}(\hat{\beta}_1)} \bigg| \boldsymbol{x} \sim t(n-2)$$
$$\frac{\hat{\beta}_0 - \beta_0}{\mathrm{se}(\hat{\beta}_0)} \bigg| \boldsymbol{x} \sim t(n-2) \quad (3.10)$$

が成り立つ[*5]. (3.10) 式右辺の t 分布は $\boldsymbol{x}$ に依存しない. したがって, 以下の

[*4)] 一般に, パラメータ推定量の標準偏差の推定量および推定値を標準誤差という.
[*5)] $t(k)$ は自由度が k の t 分布を意味する.

定理が成り立つことがわかる．

定理 3.5 仮定 3.1～3.5 および仮定 3.6 の下で，以下が成り立つ．

$$\frac{\hat{\beta}_j - \beta_j}{\text{se}(\hat{\beta}_j)} \sim t(n-2) \quad (j = 0, 1) \tag{3.11}$$

3.6　回帰係数についての仮説検定：t 検定

回帰分析を行うと回帰係数の推定値が計算される．推定に用いる $(x_i, y_i), i = 1, 2, \ldots, n$ は標本であり，推定値 $\hat{\beta}_0, \hat{\beta}_1$ は標本誤差を伴う．したがって，β_0, β_1 についての統計的推測を行うことが重要である．回帰パラメータについての仮説検定[*6)]のうち最も重要なものが以下の H_0 を帰無仮説とする仮説検定である．

$$H_0 : \beta_1 = 0 \tag{3.12}$$

対立仮説としては両側対立仮説

$$H_1 : \beta_1 \neq 0 \tag{3.13}$$

を考える．帰無仮説 $\beta_1 = 0$ が棄却された場合のみ，回帰式 $\hat{y} = \hat{\beta}_0 + \hat{\beta}_1 x$ が意味のあるものとなる．

上の帰無仮説 H_0 の検定方法について述べる．$\hat{\beta}_1$ は β_1 の推定量であるから $|\hat{\beta}_1|$ と $\hat{\beta}_1$ の標準誤差の比が十分大きければ，帰無仮説 $\beta_1 = 0$ が成立していない証拠と考えられる．このことより**検定統計量**として

$$t = \frac{\hat{\beta}_1}{\text{se}(\hat{\beta}_1)} \tag{3.14}$$

を用いる．この統計量は **t 統計量**と呼ばれ，帰無仮説 H_0 が成り立っているときには，(3.10) 式より，$t \sim t(n-2)$ である．ここで，自由度 $n-2$ の t 分布の上側 $100\alpha/2\%$ 点を $t_{\alpha/2}(n-2)$ と書くことにする．帰無仮説 H_0 が成り立っているときには，t 統計量の絶対値 $|t|$ が $t_{\alpha/2}(n-2)$ を超える確率は α しかない．

[*6)]　仮説検定については，たとえば倉田・星野 (2009) や野田・宮岡 (1990) などを参照せよ．

実際のデータから計算された t の値は t 値 (t-value) と呼ばれる．確率 α は有意水準と呼ばれ，慣習的に 0.01 や 0.05 が用いられることが多い．t 値の絶対値が $t_{\frac{\alpha}{2}}(n-2)$ を超えるときには，データは H_0 から十分大きく乖離していると考えてよい．したがって，帰無仮説 H_0 の有意水準 α の検定方式は以下のようになる．

$$|t| > t_{\alpha/2}(n-2) \text{ のとき } H_0 \text{ は棄却される} \tag{3.15}$$

$$|t| \leq t_{\alpha/2}(n-2) \text{ のとき } H_0 \text{ は棄却されない} \tag{3.16}$$

帰無仮説 $H_0 : \beta_1 = 0$ が棄却されるとき「係数 β_1 は有意である」という．また，この帰無仮説が棄却されないとき「係数 β_1 は有意ではない」という．

t 検定の手順をまとめておく．
(a) 有意水準 α を決める
(b) t 値を計算する
(c) t 値と $t_{\alpha/2}(n-2)$ の大小を比較し検定を行う

上の t 検定は p 値を用いて行うこともできる．両側検定の p 値は t 値から以下のように定義される．

$$p\,\text{値} = P\{|t| > |t\,\text{値}|\} = 2P\{t > |t\,\text{値}|\} \tag{3.17}$$

ここで t は自由度 $n-2$ の t 分布に従う確率変数である．p 値が α 以下であれば，帰無仮説 H_0 を棄却する．α より大きければ，帰無仮説 H_0 を棄却できない．回帰分析の結果として出力される p 値は両側検定の p 値である．

3.7　Rで単回帰分析

3.7.1　データの説明

この節では都道府県データを用いて，都道府県ごとのコンビニエンスストアの数がどのような要因に影響を受けるかを分析する．データは総務省「社会生活統計指標——都道府県の指標——2009」[7] および，経済産業省「商業統計」[8] に

---

[7] http://www.stat.go.jp/data/ssds/5.htm より入手可能．
[8] http://www.meti.go.jp/statistics/tyo/syougyo/index.html より入手可能．

3.7 R で単回帰分析

表 3.1 もとのデータに含まれる変数

変数名	意味（単位）
car	1000 人あたりの自家用自動車の台数（台）
conv	コンビニエンスストアの数（件）
divorce	離婚率
gpp	県内総生産額（億円）
gsm	総合スーパーマーケットの数（件）
income	勤労者世帯の 1 世帯あたり 1 月間の実収入（1000 円）
nm_m_30	未婚者割合（30～34 歳男性）
nm_f_30	未婚者割合（30～34 歳女性）
pop	人口総数（1000 人）
sm	専門スーパーマーケットの数
w_pop	生産年齢人口割合（15～64 歳人口）

よる．用いたデータは 2005 年のものである．データに含まれる変数については表 3.1 にまとめた．

3.7.2 単回帰分析

(a) 被説明変数を conv，説明変数を pop として最小 2 乗法を用いて単回帰分析を行う．モデルは以下のとおりである．

$$\mathrm{conv}_i = \beta_0 + \beta_1 \mathrm{pop}_i + u_i \quad (i = 1, 2, \ldots, n) \tag{3.18}$$

(b) データの読み込みを行う．ここでは C ドライブの rdata フォルダに保存されている cv.csv ファイルを cvdata というオブジェクトに代入する．row.names = 1 というオプションは行の名前を CSV ファイルの 1 列目（今回の例では 1 列目に都道府県名が入力されている）を用いるという命令である．

```
cvdata <- read.csv("C:/rdata/cv.csv",
                   row.names = 1)
```

(c) 散布図を描く．関数 plot() を用いる．plot(y ~ x, data = データフレーム) は，データフレーム内のデータを用いて，縦軸を y，横軸を x として散布図を描くという指示．結果は図 3.1 のとおりである．

図 3.1 散布図

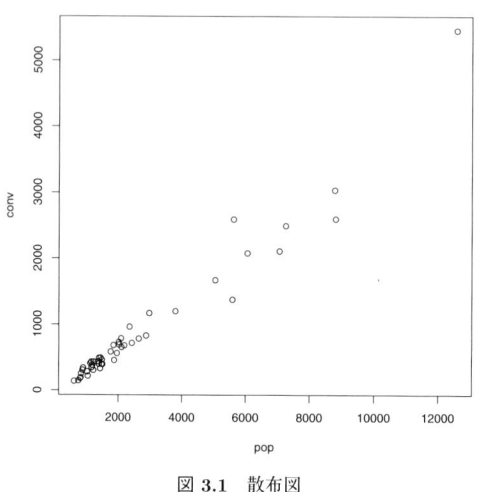

```
plot(conv ~ pop, data = cvdata)
```

(d) 回帰分析を行う．関数 lm() を用いる．lm(y ~ x, data = z) は，データフレーム z を用いて，被説明変数を y，説明変数を x として単回帰分析を行うという指示．つまり，~ の左側が被説明変数で右側が説明変数である．contrasts = NULL というオプションを書かないかぎり，定数項を含むモデルとなる．例として単回帰分析の結果をオブジェクト result に代入する．

```
result <- lm(conv ~ pop, data = cvdata)
```

(e) 回帰結果を出力する．関数 summary() を用いる．summary(回帰分析結果を代入したオブジェクト) で回帰分析の要約を出力するという指示．図 3.2 のように出力される．pop に関する t 値の表示が <2e^-16 となっているがこれは 2×10^{-16} よりも小さい値という表記である．つまり，pop に関する p 値は 0 に近い小さな値であることを意味する．

推定結果を回帰式で書くと以下のようになる．ただし，( ) 内は t 値，n はサンプルサイズ，R^2 は決定係数．定数項も pop の係数も有意水準 5% で

3.7 Rで単回帰分析

```
R Console
ファイル  編集  その他  パッケージ  ウインドウ  ヘルプ

Call:
lm(formula = conv ~ pop, data = cvdata)

Residuals:
    Min      1Q  Median      3Q     Max
-605.6890 -82.4243  0.9297 82.9890 859.5119

Coefficients:
            Estimate Std. Error t value Pr(>|t|)
(Intercept) -106.62323  47.98638  -2.222   0.0314 *
pop            0.37372   0.01283  29.125  <2e-16 ***
---
Signif. codes:  0 '***' 0.001 '**' 0.01 '*' 0.05 '.' 0.1 ' ' 1

Residual standard error: 225.9 on 45 degrees of freedom
Multiple R-squared: 0.9496,    Adjusted R-squared: 0.9485
F-statistic: 848.3 on 1 and 45 DF, p-value: < 2.2e-16
>
```

- 回帰式
- 残差の統計量
- 定数項(intercept)と説明変数(pop)それぞれの推定値(estimate)、標準誤差(Std. Error)、t値 (t value)、p値 (Pr>|t|)を表示 *や.がついているものはP値が一定以下のものを表す。***(0.001以下)、**(0.01以下)、*(0.05)以下、.(0.1)以下
- 誤差項の標準誤差(Residual standard error)、自由度(degree of freedom)、決定係数(Multiple R-squared)、自由度調整済み決定係数(Adjusted R-squared)、F検定統計量(F-statistics)とそのp値(p-value)を表示

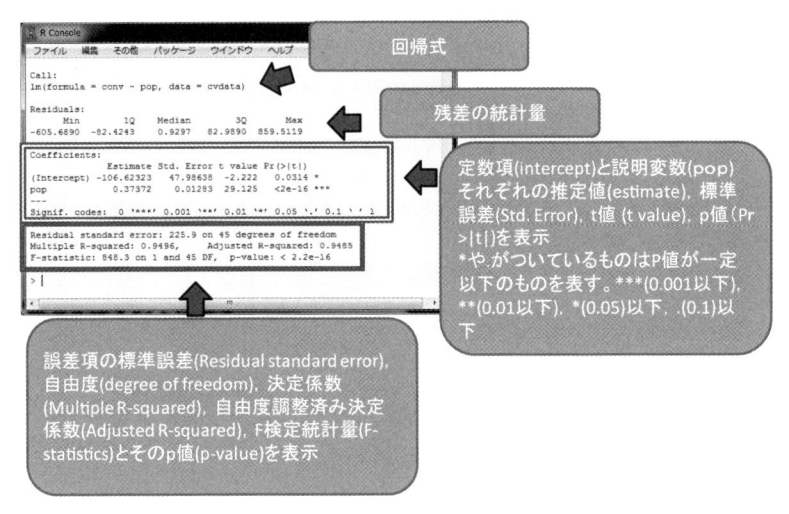

図 3.2 回帰分析の結果

有意である.

$$\widehat{\mathrm{conv}} = -106.62 + 0.37\mathrm{pop}$$

$$(-2.2) \quad (29.1)$$

$$n = 47, \; R^2 = 0.95$$

```
summary(result)
```

```
Call:
lm(formula = conv ~ pop, data = cvdata)
Residuals:
    Min      1Q  Median      3Q     Max
-605.69  -82.42    0.93   82.99  859.51

Coefficients:
             Estimate Std. Error t value Pr(>|t|)
(Intercept) -106.62323   47.98638  -2.222   0.0314 *
pop            0.37372    0.01283  29.125   <2e-16 ***
---
```

```
Signif. codes:  0 '***' 0.001 '**' 0.01 '*' 0.05 '.' 0.1 ' '
1

Residual standard error: 225.9 on 45 degrees of freedom
Multiple R-squared: 0.9496, Adjusted R-squared: 0.9485
F-statistic: 848.3 on 1 and 45 DF,  p-value: < 2.2e-16
```

(f) 散布図に回帰直線を引く．関数 abline() を用いる．abline(回帰分析結果を代入したオブジェクト) で散布図に回帰直線を書くという指示．図 3.3 のように出力される．

```
abline(result)
```

(g) 散布図の各プロットにラベルをつける．関数 text() を用いる．text(a,b,c) で散布図内の x 座標 a, y 座標 b に c というラベルをつけるという指示．オプション adj と cex でそれぞれラベルの位置と大きさを調節する．オプション col でラベルの色を指定する．また，subset(z, 条件式) でデータセット z のうちの条件式に当てはまるデータ（行）だけを抽出するという指示．

例として，人口が 350 万人（つまり pop が 3500）より大きい都道府県

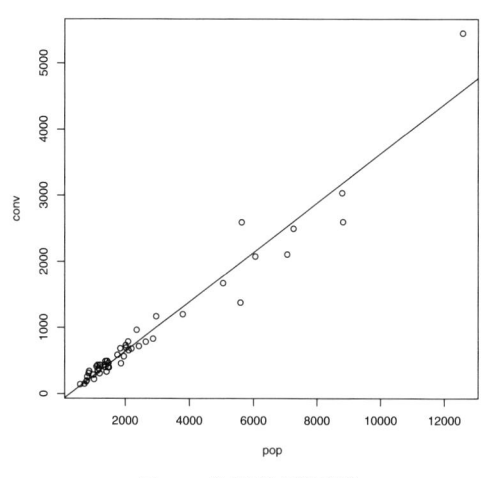

図 3.3　散布図と回帰直線

を抽出し，先に作成した散布図の各プロットにラベルをつける．x座標が pop で y 座標が conv とし，ラベルを cvdata の列名（つまり，都道府県名）とする．rownames(z) でデータフレーム z の各列の名前を出力するという指示．また，adj=0.5 でプロットの中央にラベルを書くという指示（0.5 より大きい値だと左寄り，小さい値だと右寄りになる）．今回は adj=1.15 なのでプロットよりも左寄りにラベルを書くという指示．cex=0.65 でラベルの文字の大きさを 65% に縮小するという指示．オプション col で文字の色を "red"（赤）と指定．結果は図 3.4 のとおりである．

```
cvdata2 <- subset(cvdata, cvdata$pop > 3500)
text(cvdata2$pop,cvdata2$conv,rownames(cvdata2),
 adj=1.15, cex=0.65, col="red")
```

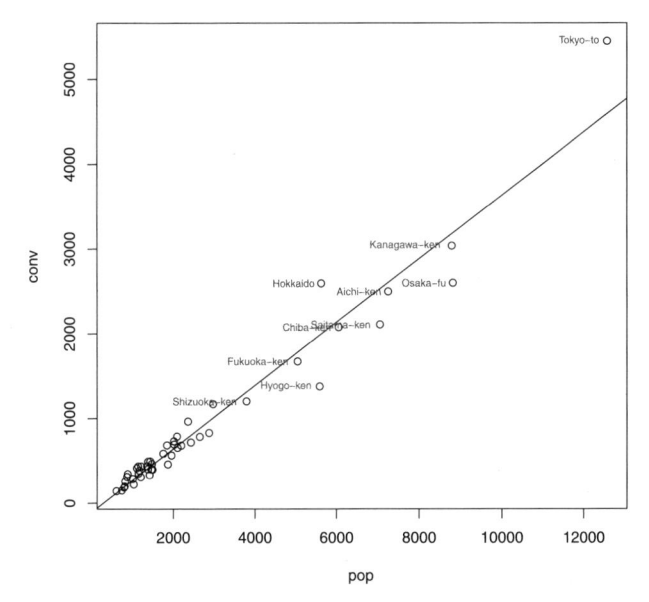

図 3.4 散布図と回帰直線とラベル

4 重回帰分析（クロスセクションデータ）

　この章では，説明変数が（定数項を除いて）2つ以上であるような回帰分析，つまり**重回帰分析**について解説する．また，この章で用いるのはクロスセクションデータを用いた分析のみである．

　重回帰分析を行うことで，たとえば，会社の経常利益率について広告費，研究開発費，従業員の1人あたりの人件費などがそれぞれどのような影響を与えているのかを分析することができる．重回帰分析では，被説明変数に対する（他の説明変数の影響を一定としたときの）個々の説明変数の影響を分析することができる．このような分析は相関分析や単回帰分析では行うことができないため，実証分析では重回帰分析が重要となる．経済データに関する分析で重回帰分析の説明変数としてよく使われるダミー変数の使い方についても解説する．

　さらに，都道府県データを用いてRによる重回帰分析の分析方法について述べる．

4.1　重回帰モデル

　以下では説明変数が複数（定数項を除いて k 個）の場合の回帰分析について述べる．このような回帰分析を重回帰分析と呼ぶ．

　i 番目の個体について，被説明変数の値を y_i，j 番目の説明変数の値を x_{ij} とする．また，サンプルサイズを n とする．

4.1 重回帰モデル

$$X = \begin{pmatrix} 1 & x_{11} & x_{12} & \cdots & x_{1k} \\ 1 & x_{21} & x_{22} & \cdots & x_{2k} \\ \vdots & \vdots & \vdots & & \vdots \\ 1 & x_{n1} & x_{n2} & \cdots & x_{nk} \end{pmatrix}$$

と定義する．X はデータ行列と呼ばれる．

以下のような仮定を設け，仮定 4.1〜4.6 を合わせて（重回帰の場合の）標準的仮定と呼ぶ．以下の仮定で定義されるモデルを重回帰モデルという．

仮定 4.1（線形性）　各個体 $i = 1, 2, \ldots, n$ に対して，被説明変数 y_i，説明変数 $x_{i1}, x_{i2}, \ldots, x_{ik}$ との間に以下の関係がある．

$$y_i = \beta_0 + \beta_1 x_{i1} + \beta_2 x_{i2} + \cdots + \beta_k x_{ik} + u_i \tag{4.1}$$

ただし，$\beta_0, \beta_1, \ldots, \beta_k$ は未知パラメータであり，u_i は誤差項である．

仮定 4.2　同じ値しかとらない説明変数はない．また説明変数間に（確率 1 で）厳密な線形関係が存在しない．

仮定 4.3（誤差項の条件付き期待値が 0）

$$\mathrm{E}[u_i | X] = 0 \quad (i = 1, 2, \ldots, n)$$

仮定 4.4（誤差項の条件付き分散の均一性）

$$\mathrm{Var}(u_i | X) = \sigma^2 > 0 \quad (i = 1, 2, \ldots, n)$$

仮定 4.5（誤差項の条件付き無相関性）

$$\mathrm{E}[u_i u_j | X] = 0 \quad (i, j = 1, 2, \ldots, n, \ i \neq j)$$

次に，被説明変数のデータベクトル，誤差項のベクトル，回帰係数ベクトルを以下のように定義する．

$$\boldsymbol{y} = \begin{pmatrix} y_1 \\ \vdots \\ y_n \end{pmatrix}, \quad \boldsymbol{u} = \begin{pmatrix} u_1 \\ \vdots \\ u_n \end{pmatrix}, \quad \boldsymbol{\beta} = \begin{pmatrix} \beta_0 \\ \beta_1 \\ \vdots \\ \beta_k \end{pmatrix}$$

重回帰モデルはベクトル表示で以下のように表される.

$$\boldsymbol{y} = \boldsymbol{X\beta} + \boldsymbol{u}$$

4.2　最小2乗法（重回帰分析）

　パラメーター $\beta_0, \beta_1, \ldots, \beta_k$ を推定したい. 単回帰の場合と同様に最小2乗法を用いたパラメーター推定方法の概略について述べる. 最小2乗法とは残差（観測値と当てはめ値の差）の2乗和を最小にするようなパラメーターを求める方法であった. 推定値 $\hat{\beta}_0, \hat{\beta}_1, \ldots, \hat{\beta}_k$ を以下のような最適化問題の解と定義する.

$$\min_{b_0, b_1, \ldots, b_k} \sum_{i=1}^{n} (y_i - b_0 - b_1 x_{i1} - \cdots - b_k x_{ik})^2$$

ただし, $b_0, b_1, \ldots, b_k$ は最適化問題の変数とする.

$$Q(b_0, b_1, \ldots, b_k) = \sum_{i=1}^{n} (y_i - b_0 - b_1 x_{i1} - \cdots - b_k x_{ik})^2$$

とおくと, $(\hat{\beta}_0, \hat{\beta}_1, \ldots, \hat{\beta}_k)$ がこの問題の解であるための必要条件は

$$\frac{\partial Q(\hat{\beta}_0, \hat{\beta}_1, \ldots, \hat{\beta}_k)}{\partial b_0} = 0$$

$$\frac{\partial Q(\hat{\beta}_0, \hat{\beta}_1, \ldots, \hat{\beta}_k)}{\partial b_1} = 0$$

$$\vdots$$

$$\frac{\partial Q(\hat{\beta}_0, \hat{\beta}_1, \ldots, \hat{\beta}_k)}{\partial b_k} = 0$$

であることが知られている. この条件を **1階の条件**（firsr order condition, F.O.C.）と呼ぶ. 1階の条件を計算すると

$$\sum_{i=1}^{n}\left(y_i - \hat{\beta}_0 - \hat{\beta}_1 x_{i1} - \cdots - \hat{\beta}_k x_{ik}\right) = 0$$

$$\sum_{i=1}^{n} x_{i1}\left(y_i - \hat{\beta}_0 - \hat{\beta}_1 x_{i1} - \cdots - \hat{\beta}_k x_{ik}\right) = 0$$

$$\vdots$$

$$\sum_{i=1}^{n} x_{ik}\left(y_i - \hat{\beta}_0 - \hat{\beta}_1 x_{i1} - \cdots - \hat{\beta}_k x_{ik}\right) = 0$$

となる．これらを解くと最小2乗推定量 $\hat{\beta}_0, \hat{\beta}_1, \ldots, \hat{\beta}_k$ が得られる．重回帰分析の場合，最小2乗推定量はベクトル，行列を用いるとシンプルな形で書き表される．$\hat{\boldsymbol{\beta}} = (\hat{\beta}_0, \hat{\beta}_1, \ldots, \hat{\beta}_k)'$ と書くこととする．このとき，$\hat{\boldsymbol{\beta}}$ は

$$\hat{\boldsymbol{\beta}} = (\boldsymbol{X}'\boldsymbol{X})^{-1}\boldsymbol{X}'\boldsymbol{y}$$

と表されることを示すことができる．仮定 4.1～4.3 の下で最小2乗推定量 $\hat{\boldsymbol{\beta}}$ の不偏性が，仮定 4.1～4.5 の下で Gauss–Markov 定理が成り立つ．証明は Hayashi (2000) を参照せよ．

4.3　回帰パラメータについての統計的推測

次の仮定は，有限標本において，パラメータ $\beta_0, \beta_1, \ldots, \beta_k, \sigma^2$ についての統計的推測を可能とするために必要である．

仮定 4.6（誤差項の正規性）　誤差項 $u_i, \ldots, u_n$ は説明変数 $\boldsymbol{X}$ と独立である．また $u_i, \ldots, u_n$ は独立で，それぞれ平均 0，分散 σ^2 の正規分布に従う．

$$u_i \sim N\left(0, \sigma^2\right) \quad (i = 1, 2, \ldots, n)$$

仮定 4.6 が成り立つとき，仮定 4.3～4.5 が成り立つことに注意せよ．

仮定 4.1, 4.2, 4.6 の下で，$\boldsymbol{X}$ を与えたときの $\hat{\boldsymbol{\beta}} - \boldsymbol{\beta}$ の条件付き確率分布は

$$(\hat{\boldsymbol{\beta}} - \boldsymbol{\beta})|\boldsymbol{X} \sim N(\boldsymbol{0}, \sigma^2(\boldsymbol{X}'\boldsymbol{X})^{-1})$$

で与えられる．ただし，$N(\boldsymbol{0}, \sigma^2(\boldsymbol{X}'\boldsymbol{X})^{-1})$ は平均 $\boldsymbol{0}$，分散共分散行列 $\sigma^2(\boldsymbol{X}'\boldsymbol{X})^{-1}$ の $(k+1)$ 次元多変量正規分布である．行列 $\sigma^2(\boldsymbol{X}'\boldsymbol{X})^{-1}$ の (j, j)

要素を $(\sigma^2(\boldsymbol{X}'\boldsymbol{X})^{-1})_{j,j}$ で表すものとする.$\hat{\beta}_j - \beta_j$ の条件付き確率分布は

$$(\hat{\beta}_j - \beta_j)|\boldsymbol{X} \sim N(0, \sigma^2((\boldsymbol{X}'\boldsymbol{X})^{-1})_{j+1,j+1}) \quad (j = 0, 1, \ldots, k)$$

となる.したがって,

$$\left.\frac{\hat{\beta}_j - \beta_j}{\sqrt{\sigma^2((\boldsymbol{X}'\boldsymbol{X})^{-1})_{j+1,j+1}}}\right|\boldsymbol{X} \sim N(0,1) \quad (j = 0, 1, \ldots, k)$$

が成り立つ.誤差項の分散 σ^2 の推定量 $\hat{\sigma}^2$ は

$$\hat{\sigma}^2 = \frac{1}{n-k-1}\sum_{i=1}^n \hat{u}_i^2$$

で定義される.$\hat{\beta}_j$ の標準偏差 $\sqrt{\sigma^2((\boldsymbol{X}'\boldsymbol{X})^{-1})_{j+1,j+1}}$ の推定量は

$$\mathrm{se}(\hat{\beta}_j) = \sqrt{\hat{\sigma}^2((\boldsymbol{X}'\boldsymbol{X})^{-1})_{j+1,j+1}}$$

で与えられ,$\hat{\beta}_j$ の標準誤差と呼ばれる.このとき t 統計量について

$$t = \left.\frac{\hat{\beta}_j - \beta_j}{\mathrm{se}(\hat{\beta}_j)}\right|\boldsymbol{X} \sim t(n-k-1) \quad (j = 0, 1, \ldots, k) \tag{4.2}$$

が成り立つ.

(4.2) 式右辺の t 分布は $\boldsymbol{X}$ に依存しない.したがって,以下の定理が成り立つことがわかる.

定理 4.1 仮定 4.1, 4.2, 4.6 の下で,以下が成り立つ.

$$t = \frac{\hat{\beta}_j - \beta_j}{\mathrm{se}(\hat{\beta}_j)} \sim t(n-k-1) \quad (j = 0, 1, \ldots, k)$$

4.4　t 検定(重回帰)

回帰係数 $\beta_j, j = 1, 2, \ldots, k$ に関する有意性の検定について解説する.帰無仮説 H_0 と対立仮説 H_1 は以下のとおりである.

$$H_0 : \beta_j = 0$$
$$H_1 : \beta_j \neq 0$$

定理 4.1 より，帰無仮説 H_0 の下で

$$t = \frac{\hat{\beta}_j}{\mathrm{se}(\hat{\beta}_j)} \sim t(n-k-1)$$

が成り立つ．データから求めた t の値を **t 値**という．あとは単回帰と同じように t 検定を行えばよい．

4.5　自由度調整済み決定係数

自由度調整済み決定係数 $\bar{R}^2$ について説明する．決定係数 R^2 は単回帰分析の場合と同様に $R^2 = 1 - SSR/SST$ と定義される．決定係数は説明変数が増えれば増えるほど大きくなるということが知られている．その点を修正したのが以下で定義される自由度調整済み決定係数である．

$$\bar{R}^2 = 1 - \frac{SSR}{n-k-1} \bigg/ \frac{SST}{n-1} \tag{4.3}$$

自由度調整済み決定係数は説明変数を増やすたびに，説明された変動がある程度大きくならないと値が小さくなる，というペナルティーが課されていると解釈できる．実際 (4.3) 式を少し変形すると，

$$\bar{R}^2 = 1 - (1-R^2)\frac{n-1}{n-k-1}$$

となり n が小さく，k が大きいときに R^2 に比べて $\bar{R}^2$ がより小さくなることがわかる．

4.6　ダミー変数

回帰分析では被説明変数を説明するときに質的な変数を利用することも多い．質的な情報は性別などのように 2 つのカテゴリーに分けられる情報が最も単純なものである．ある条件に当てはまる場合は 1，当てはまらない場合は 0 の値をとるような変数を**ダミー変数**と呼ぶ．

a. 定数項ダミー

例としてクロスセクションのデータで賃金を説明する回帰式を考える．賃金は教育年数と性別で説明されるとし以下の回帰モデルを考える．

$$\text{賃金}_i = \beta_0 + \beta_1 \text{教育年数}_i + \gamma \text{女性}_i + u_i \quad (i = 1, 2, \ldots, n)$$

ただし，賃金$_i$，教育年数$_i$はそれぞれ個人iの賃金と教育年数である．女性$_i$は以下のようなダミー変数である．

$$\text{女性}_i = \begin{cases} 1 & （個人 i が女性の場合） \\ 0 & （それ以外） \end{cases}$$

男女別に回帰モデルを書くと

$$\text{男性：} \text{賃金}_i = \beta_0 + \beta_1 \text{教育年数}_i + u_i \quad (i = 1, 2, \ldots, n)$$
$$\text{女性：} \text{賃金}_i = \beta_0 + \gamma + \beta_1 \text{教育年数}_i + u_i \quad (i = 1, 2, \ldots, n)$$

となる．つまりγは賃金関数の定数項の女性と男性の差である．このように使われるダミー変数を**定数項ダミー変数**という．

b. 係数ダミー

性別によって賃金関数の定数項だけではなく回帰係数も異なるときには以下のようにダミー変数を用いればよい．以下の回帰モデルでは，教育年数が賃金に与える効果の男女差を分析できる．

$$\text{賃金}_i = \beta_0 + \delta_0 \text{女性}_i + \beta_1 \text{教育年数}_i + \delta_1 (\text{教育年数}_i \times \text{女性}_i) + u_i$$
$$(i = 1, 2, \ldots, n)$$

このように使われるダミー変数を**係数ダミー変数**という．

4.7　線形制約の検定

この節では，回帰パラメータの線形制約の検定について説明する．線形制約とは回帰パラメータ $\beta_0, \beta_1, \ldots, \beta_k$ の一次式で表される制約式であり，多くの

4.7 線形制約の検定

制約がこの形で表される．q 個の制約式

$$r_{10}\beta_0 + r_{11}\beta_1 + \cdots + r_{1k}\beta_k = r_1$$
$$r_{20}\beta_0 + r_{21}\beta_1 + \cdots + r_{2k}\beta_k = r_2$$
$$\vdots$$
$$r_{q0}\beta_0 + r_{q1}\beta_1 + \cdots + r_{qk}\beta_k = r_q$$

を考える．ただし q 個のベクトル $(r_{j0}, r_{j1}, \ldots, r_{jk})', j = 1, 2, \ldots, q$ は一次独立であるものとする．この仮定は，r 個の制約が冗長でないことを意味している．$q \times (k+1)$ 行列 $\boldsymbol{R}$ を

$$\boldsymbol{R} = \begin{pmatrix} r_{10} & r_{11} & r_{12} & \cdots & r_{1k} \\ r_{20} & r_{21} & r_{22} & \cdots & r_{2k} \\ \vdots & \vdots & \vdots & & \vdots \\ r_{q0} & r_{q1} & r_{q2} & \cdots & r_{qk} \end{pmatrix}$$

q 次元ベクトル $\boldsymbol{r}$ を $\boldsymbol{r} = (r_1, r_2, \ldots, r_q)'$ で定義すればこれら q 個の制約式は $\boldsymbol{R}\boldsymbol{\beta} = \boldsymbol{r}$ と書くことができる．線形制約の検定とは

$$H_0 : \boldsymbol{R}\boldsymbol{\beta} = \boldsymbol{r}$$
$$H_1 : \boldsymbol{R}\boldsymbol{\beta} \neq \boldsymbol{r}$$

の検定のことをいう．すなわち，帰無仮説 H_0 は q 個の式がすべて成り立っていることを意味し，対立仮説 H_1 は q 個の式のうち 1 つ以上の式が成り立っていないことを意味する．

対立仮説 H_1 の下で回帰モデル (4.1) を推定したときの残差を $\hat{u}_i$ とし残差平方和を $RSS_1 = \sum_{i=1}^{n} \hat{u}_i^2$ で表す．また帰無仮説 H_0 の制約を課して，最小 2 乗推定したときの残差を $\hat{v}_i$ とし，残差平方和を $RSS_0 = \sum_{i=1}^{n} \hat{v}_i^2$ で表すとする．RSS_0 は制約を課して最小 2 乗推定したとき残差平方和であるから，RSS_1 の値以上である．$RSS_0 - RSS_1$ が十分大きければ帰無仮説 H_0 が成り立っていない証拠と考えられる．検定統計量として

$$F = \frac{(RSS_0 - RSS_1)/q}{RSS_1/(n-k-1)}$$

を用いて検定を行う．帰無仮説の下で検定統計量 F は自由度 $(q, n-k-1)$ の F 分布に従うので，検定方式は以下のようになる．

$$F > F_\alpha(q, n-k-1) \text{ のとき } H_0 \text{ を棄却する}$$
$$F \leq F_\alpha(q, n-k-1) \text{ のとき } H_0 \text{ を棄却しない}$$

ただし $F_\alpha(q, n-k-1)$ は自由度 $(q, n-k-1)$ の F 分布の上側 $100\alpha\%$ 点である．この検定を **F 検定**という．

線形制約の検定の例

回帰分析においては以下のような線形制約の検定がよく用いられる．

$$H_0 : \beta_1 = \beta_2 = \cdots = \beta_k = 0$$
$$H_1 : \beta_j, j = 1, 2, \ldots, k \text{ のうちいずれかが } 0 \text{ ではない}$$

この帰無仮説 H_0 の制約式の個数は k なので，有意水準 α の検定は

$$F > F_\alpha(k, n-k-1) \text{ のとき } H_0 \text{ を棄却する}$$
$$F \leq F_\alpha(k, n-k-1) \text{ のとき } H_0 \text{ を棄却しない}$$

で与えられる．帰無仮説が棄却されないときはいずれの説明変数の回帰係数も有意であるという証拠がなく，得られた回帰式には意味がないといえる．

4.8　R で重回帰分析

この節では 3.7 節で用いたデータを使い R で重回帰分析を行う．3.7 節の方法でデータの読み込みなどは済んでいる状態として重回帰分析の方法について解説をする．

4.8.1 R で重回帰分析

(a) 被説明変数を conv, 説明変数を pop, car, nm_f_30 として最小 2 乗法を用いて,重回帰分析を行う.モデルは以下のとおりである.

$$\text{conv}_i = \beta_0 + \beta_1 \text{pop}_i + \beta_2 \text{car}_i + \beta_3 \text{nm\_f\_30}_i + u_i \quad (i = 1, 2, \ldots, n) \tag{4.4}$$

(b) 重回帰分析を行う.関数 lm() を用いる.

lm(y ~ x1 + x2 + x3, data = z) は,データフレーム z に含まれる変数を用いて,被説明変数を y,説明変数を x1, x2, x3 として回帰分析を行うという指示.~の左側で被説明変数を指定し,右側に説明変数を+をはさんで複数個指定することができる.単回帰のときと同様に contrasts = NULL というオプションを書かないかぎり,定数項を含むモデルとなる.例として (4.4) 式のモデルを回帰分析し,結果をオブジェクト result_2 に代入する.

```
result_2 <- lm(conv ~ pop + car + nm_f_30,
               data = cvdata)
```

(c) 回帰結果を出力する.関数 summary() を用いる.図 4.1 のように出力される.推定結果を回帰式で書くと以下のようになる.ただし,( ) 内は t 値,n はサンプルサイズ,$\bar{R}^2$ は自由度調整済み決定係数.

$$\widehat{\text{conv}} = -2356 + 0.38 \text{pop} + 2.18 \text{car} + 47.19 \text{nm\_f\_30}$$
$$(-3.61) \quad (23.67) \quad\quad (2.97) \quad\quad\quad (3.36)$$
$$n = 47, \bar{R}^2 = 0.96$$

分析の結果,定数項も pop, car, nm_f_30 の係数も有意水準 5%で有意である.

```
summary(result_2)
```

```
Call:
```

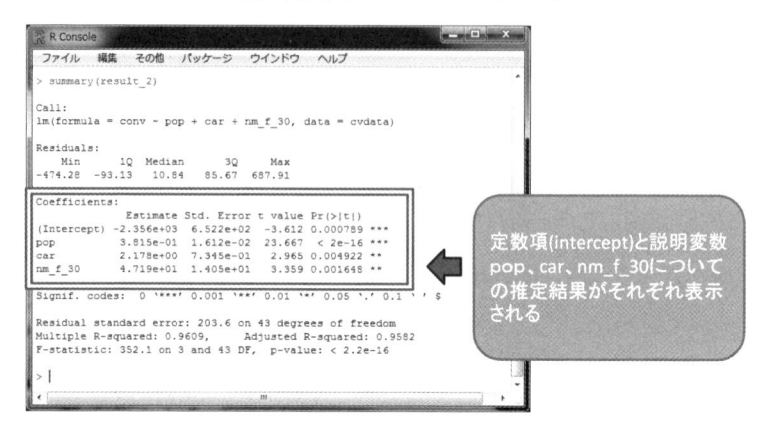

図 4.1　回帰分析の結果

```
lm(formula = conv ~ pop + car + nm_f_30, data = cvdata)
Residuals:
    Min      1Q   Median      3Q     Max
-474.28  -93.13   10.84   85.67  687.91

Coefficients:
              Estimate Std. Error t value Pr(>|t|)
(Intercept) -2.356e+03  6.522e+02  -3.612 0.000789 ***
pop          3.815e-01  1.612e-02  23.667  < 2e-16 ***
car          2.178e+00  7.345e-01   2.965 0.004922 **
nm_f_30      4.719e+01  1.405e+01   3.359 0.001648 **
---
Signif. codes:  0 '***' 0.001 '**' 0.01 '*' 0.05 '.' 0.1 ' '
1

Residual standard error: 203.6 on 43 degrees of freedom
Multiple R-squared: 0.9609, Adjusted R-squared: 0.9582
F-statistic: 352.1 on 3 and 43 DF,  p-value: < 2.2e-16
```

4.8.2　ダミー変数の作成方法と分析

4.6 節で述べたとおり，ある条件に当てはまる場合は 1，当てはまらない場合は 0 の値をとるような変数をダミー変数と呼ぶ．

4.8 R で重回帰分析

$$ダミー変数 = \begin{cases} 1 & (ある条件に当てはまる場合) \\ 0 & (それ以外) \end{cases}$$

以下では，R でのダミー変数の作成方法と，R でのダミー変数を説明変数に含む重回帰分析を行う方法について解説する．

(a) 地域ダミーを含む重回帰モデルは以下のとおりである．

$$\begin{aligned} \text{conv}_i = & \beta_0 + \beta_1 \text{pop}_i + \beta_2 \text{car}_i + \beta_3 \text{nm\_f\_30}_i + \beta_4 \text{tohoku}_i \\ & + \beta_5 \text{tyubu}_i + \beta_6 \text{tyugoku}_i + \beta_7 \text{shikoku}_i + \beta_8 \text{kyusyu}_i \\ & + u_i \quad (i = 1, 2, \ldots, n) \end{aligned}$$

(b) 地域ダミーを作る．東北，中部，近畿，中国，四国，九州の各地域に所属する都道府県が 1 の値をとるようなダミー変数を作る．それぞれ，cvdata\$tohoku，cvdata\$tyubu，cvdata\$kinki，cvdata\$tyugoku，cvdata\$shikoku，cvdata\$kyusyu という名前のオブジェクトに代入する．

```
cvdata$tohoku   <-c(rep(1,7),numeric(40))
cvdata$tyubu    <-c(numeric(14),rep(1,9),numeric(24))
cvdata$kinki    <-c(numeric(23),rep(1,7),numeric(17))
cvdata$tyugoku  <-c(numeric(30),rep(1,5),numeric(12))
cvdata$shikoku  <-c(numeric(35),rep(1,4),numeric(8))
cvdata$kyusyu   <-c(numeric(39),rep(1,8))
```

(c) 首都圏ダミーを作る．今回用いるデータには行の名前があるので行の名前を指定してダミー変数を作成することができる．関数 ifelse() と row.names() を用いる．ifelse(条件式,b,c) は条件式が満たされるときには b，満たされないときは c を出力するという命令．条件式，b, c などにベクトルを用いることができる．row.names(x) で x の行名を出力するという命令．例として行名が Saitama-ken, Chiba-ken, Tokyo-to, Kanagawa-ken であるとき 1 であり，その他は 0 であるようなオブジェクトを作り，cvdata\$syutoken として代入する．

```
cvdata$syutoken <- ifelse(
row.names(cvdata) == "Saitama-ken"|
row.names(cvdata) == "Chiba-ken"|
row.names(cvdata) == "Tokyo-to"|
row.names(cvdata) == "Kanagawa-ken",
1,0)
```

(d) 地域ダミーを定数項ダミーとして入れて重回帰分析を行う．説明変数として回帰式に地域ダミーを入れる以外，通常の重回帰分析と操作は同じである．例として回帰モデル (4.4) 式に作成した地域ダミーを説明変数に加えたモデルについて回帰分析を行う．

結果は図 4.2 のとおりである．分析の結果，定数項と pop, car, nm_f_30 の係数および東北ダミーが有意水準 5% で有意となった．

```
result_3 <- lm(conv ~ pop + car + nm_f_30
+ tohoku + tyubu + tyugoku + shikoku + kyusyu,
data = cvdata)
summary(result_3)


Call:
lm(formula = conv ~ pop + car + nm_f_30 + tohoku
 + tyubu + tyugoku + shikoku + kyusyu, data = cvdata)
Residuals:
    Min      1Q  Median      3Q     Max
-436.83  -87.36    9.20   93.19  655.28
Coefficients:
              Estimate Std. Error t value Pr(>|t|)
(Intercept) -2.675e+03  6.804e+02  -3.931 0.000346 ***
pop          3.802e-01  1.975e-02  19.252  < 2e-16 ***
car          2.337e+00  7.778e-01   3.005 0.004682 **
nm_f_30      5.591e+01  1.648e+01   3.393 0.001628 **
tohoku       2.273e+02  9.652e+01   2.355 0.023790 *
tyubu        2.610e+01  9.679e+01   0.270 0.788898
tyugoku      1.777e+01  1.097e+02   0.162 0.872195
```

4.8 R で重回帰分析

```
shikoku        1.076e+01   1.269e+02    0.085 0.932889
kyusyu        -6.578e+01   1.131e+02   -0.582 0.564302
---
Signif. codes:  0 '***' 0.001 '**' 0.01 '*' 0.05 '.' 0.1 ' '
1


Residual standard error: 194.8 on 38 degrees of freedom
Multiple R-squared: 0.9684,  Adjusted R-squared: 0.9617
F-statistic: 145.4 on 8 and 38 DF,  p-value: < 2.2e-16
```

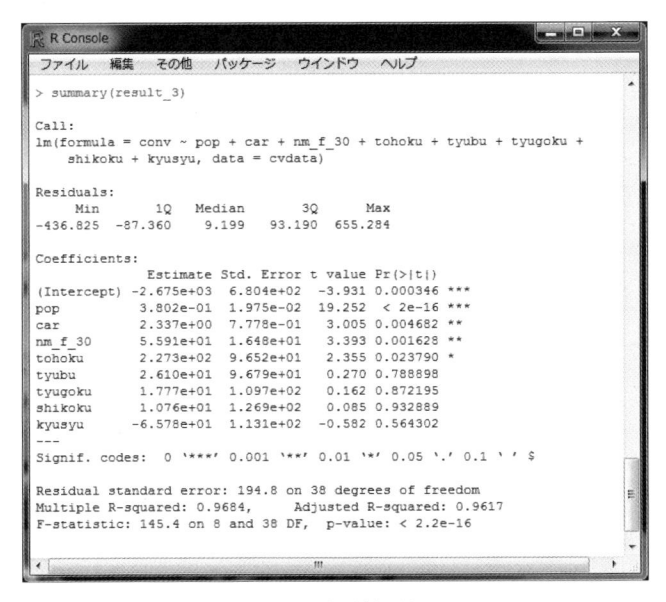

図 4.2　回帰分析の結果

5 不均一分散

第3, 4章で解説したとおり，OLSで得られる推定量は標準的仮定が満たされるとき，統計学的に最も望ましい性質をもつ．しかし，現実のデータを用いて分析を行う場合，必ずしも標準的仮定が満たされるとは限らない．本章では標準的仮定のなかで，誤差項の均一分散の仮定が満たされない場合（不均一分散 (heteroscadastic) と呼ぶ）について考える．まず均一分散の仮定が満たされているかどうかを検定する方法について解説する．さらに，不均一分散のデータに対して統計的に望ましい性質をもつ推定方法について述べる．また，Rを用いて不均一分散の検定を行う方法や，不均一分散である場合の分析方法について解説する．

5.1　不均一分散

第3, 4章で述べたように，標準的仮定が満たされるとき，OLSはBLUEであり，またt検定などを行うことができる．しかし，標準的仮定が満たされない場合は，OLS推定量がBLUEであるとは限らないし，標準的仮定が満たされているときと同じように検定（t検定など）を行えるとは限らない．この章では，標準的仮定のなかで，均一分散（つまり誤差項の条件付き分散が一定であること）が成り立たない場合を考える．ただし，その他の標準的仮定は満たされているとする[*1]．このような場合を不均一分散と呼ぶ．

不均一分散の場合の問題点について述べる．4.1節の仮定4.3と4.4（均一分散の仮定）以外の標準的仮定は満たされているとして，仮定4.3が満たされれ

[*1] 仮定4.6については誤差項の正規性は成り立っているが，分散は不均一であるとする．

ば不偏性と一致性は満たされる．しかし，仮定 4.4 が満たされないときには，OLS 推定量は BLUE ではなくなる．また，OLS で得られる分散共分散行列を用いて計算される t 統計量は t 分布に従わない．同様に，F 統計量も F 分布に従わず，LM 統計量も漸近的に χ^2 分布に従わない[*2]．

このような問題を回避するために，データが与えられたときは不均一分散であるかどうかを検定し，もし不均一分散である可能性が高いという結果が得られた場合，この問題を修正するような推定方法を用いて推定を行う必要がある．

5.2　不均一分散の検定

この節では，データが与えられたときに，回帰式の誤差項が均一分散なのか，不均一分散なのかを検定する方法について解説する．経済データでは，説明変数の値とともに誤差項の分散が変化することがよくある．このことから不均一分散の検定の多くは，誤差項がいくつかの説明変数と関係しているかどうかを検定する．本書では Breusch–Pagan 検定，White 検定，Goldfeld–Quandt 検定について述べる．

5.2.1　Breusch–Pagan 検定

Breusch–Pagan 検定は不均一分散であるかどうかを検定するために用いられる．以下では，$i = 1, 2, \ldots, n$ に対して，説明変数が k 個であるような回帰モデル

$$y_i = \beta_0 + \beta_1 x_{i1} + \beta_2 x_{i2} + \cdots + \beta_k x_{ik} + u_i \tag{5.1}$$

の誤差項 u_i の分散が不均一であるかどうかについて検定を行う．ただし，均一分散性以外の標準的な仮定は満たしているとする．

帰無仮説 H_0 と対立仮説 H_1 を以下のように定義する．

$$H_0 : \mathrm{Var}\,(u_i | x_{i1}, x_{i2}, \ldots, x_{ik}) = \sigma^2 \quad (i = 1, 2, \ldots, n)$$
$$H_1 : \mathrm{Var}\,(u_i | x_{i1}, x_{i2}, \ldots, x_{ik}) = \sigma_i^2 \quad (i = 1, 2, \ldots, n)$$

である．つまり，すべての i について誤差項の分散の値が一定であるという帰

[*2]　LM 統計量に関しては A.3 節を参照されたい．

無仮説に対して，i により誤差項の分散が変わる場合がある（一定ではない）という対立仮説をおく．これは仮定 4.3 より

$$H_0 : \mathrm{E}\left[u_i^2 | x_{i1}, x_{i2}, \ldots, x_{ik}\right] = \sigma^2 \quad (i = 1, 2, \ldots, n)$$
$$H_1 : \mathrm{E}\left[u_i^2 | x_{i1}, x_{i2}, \ldots, x_{ik}\right] = \sigma_i^2 \quad (i = 1, 2, \ldots, n)$$

と同値である．不均一分散を検定するためには，u_i^2 と 1 つ以上の説明変数が関連性をもつかどうかを検定すればよい．$i = 1, 2, \ldots, n$ に対して，以下のような回帰式を考える．

$$u_i^2 = \delta_0 + \delta_1 x_{i1} + \delta_2 x_{i2} + \cdots + \delta_k x_{ik} + v_i \tag{5.2}$$

ただし，$\mathrm{E}[v|x_1, x_2, \ldots, x_k] = 0$ であるとする．ここで，(5.2) 式の係数がすべて 0 の場合，定数項のみが残り，分散（つまり，u_i^2 の期待値）は均一となる．よって，以下のような帰無仮説について検定を行うことで均一分散かどうかを検定することができる．

$$H_0 : \delta_1 = \delta_2 = \cdots = \delta_k = 0$$
$$H_1 : \delta_1, \ldots, \delta_k \text{ のいずれかが } 0 \text{ ではない}$$

データから，母集団の真の誤差項を知ることはできないため，検定は以下のような手順となる．

(a) (5.1) 式を OLS で推定し，残差 $\hat{u}_i$ を求める．

(b) $i = 1, 2, \ldots, n$ に対して，以下のような回帰分析を行う．

$$\hat{u}_i^2 = \delta_0 + \delta_1 x_{i1} + \delta_2 x_{i2} + \cdots + \delta_k x_{ik} + v_i \tag{5.3}$$

(c) このとき LM 検定統計量は $LM = nR^2$ となる．ただし R^2 は (5.3) 式によって回帰分析を行ったときの決定係数である．帰無仮説の下で nR^2 は漸近的に自由度 k の χ^2 分布に従うことが知られている．つまり，これはサンプルサイズが大きいとき，nR^2 の確率分布が自由度 k の χ^2 分布で近似されることを意味する．よって nR^2 を検定統計量として漸近 χ^2 検定を行う．つまり，有意水準 α の場合 $nR^2 > \chi_\alpha^2(k)$ ならば帰無仮

説を棄却する.ただし,$\chi^2_\alpha(k)$ は自由度 k の χ^2 分布の上側 $100\alpha\%$ 点である.

Breusch–Pagan 検定は誤差項が正規分布に従っているという仮定に強く依存するので,その点を補正したスチューデント化 Breusch–Pagan 検定が考案されている.この方法は Koenker (1981) による.詳細は Koenker (1981),あるいは Greene (2007, Section 8.5.2) などを参照されたい.

5.2.2 White 検定

Breusch–Pagan 検定が (5.2) 式で説明変数としてレベル(加工していないそのままの値)のみを使うのに対して,White 検定は (5.4) 式のように説明変数のレベル,2乗,クロス積(異なる説明変数を掛け合わせた値)を用いる.White の検定は不均一分散の原因を特定しないため,Breusch–Pagan 検定より一般的な場合に使える.詳細は Greene (2007, Secion 8.5.1) を参照されたい.

以下では,(5.2) 式で説明変数が3つ($k=3$)の場合,つまり $i=1,2,\ldots,n$ に対して,

$$\hat{u}_i^2 = \delta_0 + \delta_1 x_{i1} + \delta_2 x_{i2} + \delta_3 x_{i3} + \delta_4 x_{i1}^2 + \delta_5 x_{i2}^2 + \delta_6 x_{i3}^2 \\ + \delta_7 x_{i1} x_{i2} + \delta_8 x_{i2} x_{i3} + \delta_9 x_{i3} x_{i1} + v_i \tag{5.4}$$

を例にして White の検定を考える.帰無仮説と対立仮説は

$H_0 : \mathrm{E}\left[u_i^2 | x_{i1}, x_{i2}, x_{i3}, x_{i1}^2, x_{i2}^2, x_{i3}^2, x_{i1}x_{i2}, x_{i2}x_{i3}, x_{i3}x_{i1}\right] = \sigma^2 \ (i=1,\ldots,n)$
$H_1 : \mathrm{E}\left[u_i^2 | x_{i1}, x_{i2}, x_{i3}, x_{i1}^2, x_{i2}^2, x_{i3}^2, x_{i1}x_{i2}, x_{i2}x_{i3}, x_{i3}x_{i1}\right] = \sigma_i^2 \ (i=1,\ldots,n)$

となる.このとき,帰無仮説の下で nR^2 は漸近的に自由度 9((5.4) 式の定数項を除いた説明変数の数)の χ^2 分布に従うことが知られている.ただし,R^2 は (5.4) 式によって回帰分析を行ったときの決定係数である.

5.2.3 Goldfeld–Quandt 検定

本項で解説する Goldfeld–Quandt 検定では,サンプルを2つの小サンプル(サンプル1とサンプル2)に分けて,各サンプルの誤差項の分散が異なるかどうかについて検定を行う.以下の説明では,先験的にサンプル2(説明変数が

大きいサンプル）の誤差項の分散が，サンプル 1 の誤差項の分散と比べて等しいかあるいは小さいことがわかっているものとして検定を行う．帰無仮説と対立仮説は以下のとおりである．

$$H_0 : \sigma_1^2 = \sigma_2^2$$
$$H_1 : \sigma_1^2 > \sigma_2^2$$

ただし，σ_1^2, σ_2^2 はサンプル 1，サンプル 2 の誤差項の条件付き分散である．検定は以下のような手順で行う．

(a) ある説明変数 x_k を小さい順に並べ，サンプルを 2 つの小サンプルに分ける．その際，x_k の大きさが中間のデータを c 個除外する．よって $(n-c)/2$ 個の観測値からなる 2 つの小サンプルができる．x_k がより小さいサンプルをサンプル 1 とし，もう 1 つのサンプルをサンプル 2 とする．

(b) それぞれのサンプルのデータを用いて OLS を行う．

(c) サンプル 1 とサンプル 2 の OLS の結果から得られる RSS（残差平方和）をそれぞれ RSS_1, RSS_2 と呼び，以下の検定統計量を計算する．

$$F = \frac{\text{RSS}_2}{(n-c-2k)/2} \bigg/ \frac{\text{RSS}_1}{(n-c-2k)/2} \qquad (5.5)$$

F は均一分散という帰無仮説（つまり，$\sigma_1^2 = \sigma_2^2$）の下で，自由度 $(n-c-2k)/2, (n-c-2k)/2$ の F 分布に従うことが知られている．よって，F 検定を行えばよい．つまり，有意水準 α の場合，$F < F_\alpha$ ならば帰無仮説を棄却する．ただし，F_α は自由度 $(n-c-2k)/2, (n-c-2k)/2$ の F 分布の下側 $100\alpha\%$ 点を意味する．

Goldfeld–Quandt 検定の詳細は Goldfeld and Quandt (1965) や Johnston and DiNardo (1997, Section 6.2) などを参照されたい．

5.3　不均一分散の下での推測

先に述べたとおり，不均一分散である場合，OLS で得られる $\hat{\beta}_i$ の標準誤差にバイアスが発生するために通常の t 検定統計量は t 分布に従わない．この節

では不均一分散が存在する場合の $\mathrm{Var}(\hat{\beta}_i)$ の有効推定量について解説する．これを用いて β_i の有意性の検定などを行う．

5.3.1　Whiteの修正
a. 単回帰の場合の修正

本項では簡単化のために単回帰モデルで説明を行う．回帰モデルは $i=1,2,\ldots,n$ に対して

$$y_i = \beta_0 + \beta_1 x_i + u_i$$

とする．このとき，β_1 の最小2乗推定量は

$$\hat{\beta}_1 = \beta_1 + \frac{\sum_{i=1}^n (x_i - \bar{x}) u_i}{\sum_{i=1}^n (x_i - \bar{x})^2} \tag{5.6}$$

となる．仮定3.1〜3.3, 3.5が成り立っているとすると $\hat{\beta}_1$ の分散は

$$\mathrm{Var}(\hat{\beta}_1) = \frac{\sum_{i=1}^n (x_i - \bar{x}) \sigma_i^2}{\left(\sum_{i=1}^n (x_i - \bar{x})^2\right)^2}$$

となる．もし，すべての i について $\sigma_i^2 = \sigma^2$ である（つまり，均一分散である）のならば，$\mathrm{Var}(\hat{\beta}_1) = \sigma^2 / \sum_{i=1}^n (x_i - \bar{x})$ となり，OLSの結果と一致することがわかる．

σ_i^2 は（母集団の分散であるため）実際には観測できない．そのためWhite (1980) では，代わりに y を被説明変数，x を説明変数としたときのOLSの残差の2乗 $\hat{u}_i^2$ によって σ_i^2 を置き換えることを提案している．このようにして得られる推定量

$$\widehat{\mathrm{Var}}(\hat{\beta}_1) = \frac{\sum_{i=1}^n (x_i - \bar{x}) \hat{u}_i^2}{\left(\sum_{i=1}^n (x_i - \bar{x})^2\right)^2} \tag{5.7}$$

は，Whiteの分散推定量と呼ばれる．Whiteの分散推定量は不均一分散の形に関して仮定をおかなくても，最小2乗推定量 $\hat{\beta}_1$ の分散の一致推定量であることが知られているため扱いやすい．また，(5.7) 式の平方根は**不均一分散一致標準誤差** (heteroskedasticity-consistent standard error, HCSEまたは

heteroskedasticity-robust standard error）と呼ばれる．

$$\mathrm{HCSE}(\hat{\beta}_1) = \sqrt{\frac{\sum_{i=1}^{n}(x_i-\bar{x})\,\hat{u}_i^2}{\left(\sum_{i=1}^{n}(x_i-\bar{x})^2\right)^2}}$$

標準的仮定がすべて満たされる場合は t 統計量は以下の式で得られたが，不均一分散の仮定の下でこの検定統計量は t 分布に従わない．

$$t = \frac{\hat{\beta}_1}{\mathrm{se}(\hat{\beta}_1)}$$

ただし，$\mathrm{se}(\hat{\beta}_1)$ は OLS で得られる $\hat{\beta}_1$ の標準誤差である．

不均一分散の仮定の下で

$$t^{\mathrm{robust}} = \frac{\hat{\beta}_1}{\mathrm{HCSE}(\hat{\beta}_1)}$$

は漸近的に標準正規分布に従う．よって t^{robust} を用いて検定を行えばよい．また，同様にして HCSE を用いれば，不均一分散の場合の F 統計量および LM 統計量を計算することが可能である．詳細は Wooldridge (2009, Section 8.2) を参照されたい．

b. 重回帰の場合の修正：行列表記

重回帰の場合は行列表記をした方が理解しやすい．サンプルサイズが n, 説明変数が定数項を含めて k であるときの回帰式の行列表現は以下のようになる．

$$\boldsymbol{y} = \boldsymbol{X}\boldsymbol{\beta} + \boldsymbol{u}$$

ただし，$\boldsymbol{y}$ は $n \times 1$ の被説明変数ベクトル，$\boldsymbol{X}$ は $n \times k$ の説明変数行列，$\boldsymbol{\beta}$ は $k \times 1$ の回帰係数ベクトル，$\boldsymbol{u}$ は $n \times 1$ の誤差項ベクトルとする．誤差項の均一分散の仮定（仮定 4.4）を行列で表現すると以下のようになる．

仮定 5.1（誤差項の条件付き分散の均一性）

$$\mathrm{E}[\boldsymbol{u}\boldsymbol{u}'|\boldsymbol{X}] = \sigma^2 \boldsymbol{I}$$

ただし，$\boldsymbol{I}$ は $n \times n$ の単位行列とする．

5.3 不均一分散の下での推測

仮定 5.1 が成り立たず，以下のような誤差項の不均一分散を仮定する．

$$\mathrm{E}[\boldsymbol{u}\boldsymbol{u}'|\boldsymbol{X}] = \boldsymbol{\Omega}$$

ただし，$\boldsymbol{\Omega} = \mathrm{diag}\left\{\sigma_1^2, \sigma_2^2, \ldots, \sigma_n^2\right\}$ とする[*3]．$\hat{\boldsymbol{\beta}}$ を $\boldsymbol{\beta}$ の最小 2 乗推定量とすると，$\hat{\boldsymbol{\beta}}$ の分散共分散行列は

$$\mathrm{Var}(\hat{\boldsymbol{\beta}}) = (\boldsymbol{X}'\boldsymbol{X})^{-1} \boldsymbol{X}'\boldsymbol{\Omega}\boldsymbol{X} (\boldsymbol{X}'\boldsymbol{X})^{-1}$$

となる．ただし，$\boldsymbol{\Omega}$ は一般的には未知である．単回帰モデルの場合と同じように White (1980) の方法を用いて $\mathrm{Var}(\hat{\boldsymbol{\beta}})$ の推定量 HC_0 を

$$\mathrm{HC}_0 = \widehat{\mathrm{Var}}(\hat{\boldsymbol{\beta}}) = (\boldsymbol{X}'\boldsymbol{X})^{-1} \boldsymbol{X}'\hat{\boldsymbol{\Omega}}\boldsymbol{X} (\boldsymbol{X}'\boldsymbol{X})^{-1}$$

と定義する．ただし，$\hat{\boldsymbol{\Omega}} = \mathrm{diag}\left\{\hat{u}_1^2, \hat{u}_2^2, \ldots, \hat{u}_n^2\right\}$，また $\hat{u}_i^2, i = 1, 2, \ldots, n$ は OLS による残差である．HC_0 は不均一分散一致共分散行列推定量 (heterodasticity-consistent covariance matrix estimator, HCCME) と呼ばれる．

以下のように HC_0 の自由度を調整した HC_1 および，誤差項 u_i が均一分散だった場合にバイアスを減らすための HC_2 が提案されている．

$$\mathrm{HC}_1 = (\boldsymbol{X}'\boldsymbol{X})^{-1} \boldsymbol{X}' \left(\frac{n}{n-k}\right) \hat{\boldsymbol{\Omega}}\boldsymbol{X} (\boldsymbol{X}'\boldsymbol{X})^{-1}$$
$$\mathrm{HC}_2 = (\boldsymbol{X}'\boldsymbol{X})^{-1} \boldsymbol{X}'\hat{\boldsymbol{\Omega}}_2\boldsymbol{X} (\boldsymbol{X}'\boldsymbol{X})^{-1}$$

ただし $\hat{\boldsymbol{\Omega}}_2 = \mathrm{diag}\{\hat{u}_1^2/(1-h_{11}), \hat{u}_2^2/(1-h_{22}), \ldots, \hat{u}_n^2/(1-h_{nn})\}$ である．ただし，h_{ii} は $\boldsymbol{X}(\boldsymbol{X}'\boldsymbol{X})^{-1}\boldsymbol{X}'$ の i 番目の対角要素である．詳細は MacKinnon and White (1985), Davidson and MacKinnon (2004, Section 5.5) あるいは Angrist and Pischke (2009, Section 8.1) を参照されたい．

5.3.2 GLS

誤差項の分散に対して，不均一分散よりも一般的な仮定 (時系列データで系列相関を含む場合など) をおいた場合，**一般化最小 2 乗推定法** (generalizaed least squares, GLS) と呼ばれる分析手法を用いる．本項では GLS の概要について

[*3] ここで $\mathrm{diag}\{\sigma_1^2, \sigma_2^2, \cdots, \sigma_n^2\}$ は対角要素が $\sigma_1^2, \sigma_2^2, \cdots, \sigma_n^2$ である対角行列を意味する．

述べる.詳細は Greene (2007, Chapter 8) や Johnston and DiNardo (1997, Chapter 5 and 6) を参照されたい.

以下のような回帰モデルを考える.

$$y = X\beta + u$$

誤差項に関して以下のような仮定をおく.

$$\mathrm{E}[u|X] = 0$$
$$\mathrm{E}[uu'|X] = \sigma^2 \Omega$$

ただし,誤差項ベクトル u の分散共分散行列は正値定符号であるとする.このとき以下の式が成り立つような行列 P が存在する.

$$\Omega^{-1} = P'P$$

ここで,

$$\tilde{y} = \tilde{X}\beta + \tilde{u} \tag{5.8}$$

ただし,$\tilde{y} = Py, \tilde{X} = PX, \tilde{u} = Pu$ とする.このとき,

$$\mathrm{E}[\tilde{u}] = 0$$
$$\mathrm{E}[\tilde{u}\tilde{u}'] = \sigma^2 I$$

と計算できる.(5.8) 式の回帰モデルは標準的仮定を満たすので,$(\tilde{X}'\tilde{X})^{-1}\tilde{X}'\tilde{y} = (X'P'PX)^{-1}X'P'Py = (X'\Omega^{-1}X)^{-1}X'\Omega^{-1}y$ は,Gauss–Markov の定理より BLUE である.この推定量を一般化最小 2 乗推定量と呼び $\hat{\beta}_{\mathrm{GLS}}$ で表す.つまり

$$\hat{\beta}_{\mathrm{GLS}} = \left(X'\Omega^{-1}X\right)^{-1} X'\Omega^{-1}y \tag{5.9}$$

である.このとき,

$$\mathrm{Var}(\hat{\beta}_{\mathrm{GLS}}) = \sigma^2 \left(X'\Omega^{-1}X\right)^{-1} \tag{5.10}$$

となる.

5.3.3 WLS

不均一分散であるが，分散の形がわかっている場合は，本項で述べる加重最小 2 乗法 (weighted least square: WLS) が OLS に比べてより有効性がある (推定量の分散が小さい) ことが知られている．WLS は，GLS の特殊な場合であることが知られている．$i = 1, 2, \ldots, n$ に対して以下のように回帰モデルを仮定する．

$$y_i = \beta_0 + \beta_1 x_{i1} + \beta_2 x_{i2} + \cdots + \beta_k x_{ik} + u_i \tag{5.11}$$

さらに，分散の形について以下のような仮定をおく．

$$\mathrm{Var}\,(u|\boldsymbol{x}) = \sigma^2 h(\boldsymbol{x}) \tag{5.12}$$

ただし，$h(\boldsymbol{x})$ は説明変数 $\boldsymbol{x}$ の正の値をとる関数とする．

(5.12) 式の仮定は，$\sigma_i^2 = \mathrm{Var}\,(u_i|\boldsymbol{x}_i) = \sigma^2 h(\boldsymbol{x}_i) = \sigma^2 h_i$ と書き換えることができる．ただし，$\boldsymbol{x}_i$ は i に関するすべての説明変数，h_i は i によって異なる変数とする．

このとき，

$$\mathrm{Var}\left(\frac{u_i}{\sqrt{h_i}}\bigg|\boldsymbol{x}_i\right) = \mathrm{E}\left[\left(\frac{u_i}{\sqrt{h_i}}\right)^2\bigg|\boldsymbol{x}_i\right] = \frac{\mathrm{E}[u^2]}{h_i} = \frac{\sigma^2 h_i}{h_i} = \sigma^2 \tag{5.13}$$

となるので，(5.11) 式の両辺を $\sqrt{h_i}$ で割れば，

$$\frac{y_i}{\sqrt{h_i}} = \frac{\beta_0}{\sqrt{h_i}} + \beta_1 \frac{x_{i1}}{\sqrt{h_i}} + \beta_2 \frac{x_{i2}}{\sqrt{h_i}} + \cdots + \beta_k \frac{x_{ik}}{\sqrt{h_i}} + \frac{u_i}{\sqrt{h_i}}$$

となり，以下のように書くことができる．

$$\tilde{y} = \beta_0 \tilde{x}_{i0} + \beta_1 \tilde{x}_{i1} + \beta_2 \tilde{x}_{i2} + \cdots + \beta_k \tilde{x}_{ik} + \tilde{u}_i \tag{5.14}$$

ただし，$\tilde{y}_i = y_i/\sqrt{h_i}$, $\tilde{x}_{i0} = 1/\sqrt{h_i}$, $\tilde{x}_{ij} = x_{ij}/\sqrt{h_i}$, $\tilde{u}_i = u_i/\sqrt{h_i}$ とする．

(5.11) 式が均一分散以外の標準的仮定を満たすならば，(5.14) 式は標準的仮定をすべて満たす．したがって，Gauss–Markov の定理により，推定量は BLUE となる．よって，(5.14) 式を用いて最小 2 乗法でパラメーター推定すればよい．t 値や F 値なども (5.14) 式を用いて計算される．

5.4　R で不均一分散

Rを用いて誤差項が不均一分散となるようなデータを分析する．米国の州ごとの，たばこの消費量とたばこの価格と可処分所得に関する 1992 年のデータを用いる．サンプルサイズは 46 である．データは Baltagi and Levin (1992) で用いられたものである．また，Baltagi (2008, Chapter 5) で分析されている．この節の分析も Baltagi (2008, Chapter 5) で行っているものとほぼ同じである．データセットに含まれる各変数は表 5.1 のとおりである．

(a) データを読み込む．パッケージ **AER** に含まれるデータフレーム CigarettesB を用いる．パッケージ **AER** がインストールされていない場合はあらかじめ PC にインストールする必要がある[*4]．

```
library("AER")
data("CigarettesB")
```

(b) OLS を行う．例として被説明変数を packs，説明変数を price, income として OLS を行い，分析の結果をオブジェクト OLS に代入する．

```
OLS <- lm(packs ~ price + income,
          data = CigarettesB)
summary(OLS)
```

lm(formula = packs ~ price + income, data = CigarettesB)

表 5.1　変数

変数名	意味
packs	喫煙年齢の 1 人あたりのたばこ消費（単位：1 パック）の対数値
price	たばこの実質価格の対数値
income	1 人あたりの可処分所得の対数値

[*4] 以降，本書ではパッケージはすでにインストールされている状態であるとして解説を行う．パッケージのインストール方法については 1.3 節を参照されたい．また，各章で使用するパッケージは B 章にまとめた．

5.4 R で不均一分散

```
Residuals:
     Min       1Q   Median       3Q      Max
-0.418675 -0.106828 0.007568 0.117384 0.328677

Coefficients:
            Estimate Std. Error t value Pr(>|t|)
(Intercept)   4.2997     0.9089   4.730 2.43e-05 ***
price        -1.3383     0.3246  -4.123 0.000168 ***
income        0.1724     0.1968   0.876 0.385818
---
Signif. codes:  0 '***' 0.001 '**' 0.01 '*' 0.05 '.' 0.1
  ' ' 1

Residual standard error: 0.1634 on 43 degrees of freedom
Multiple R-squared: 0.3037,    Adjusted R-squared: 0.2713
F-statistic: 9.378 on 2 and 43 DF,  p-value: 0.0004168
```

(c) 回帰残差と説明変数のグラフを描く．回帰分析の残差は回帰結果がオブジェクト x に代入されているとすると x$res で得ることができる．例として回帰残差と income のグラフを描く．結果は図 5.1 のとおりである．

```
plot(CigarettesB$income, OLS$res)
```

(d) Breusch–Pagan 検定，スチューデント化 Breusch–Pagan 検定，White 検定を行う．これらの検定は，パッケージ lmtest の関数 bptest() で行うことができる．3 つの検定とも帰無仮説は「誤差項が均一分散である」，対立仮説は「誤差項は不均一分散である」．

検定の結果，Breusch–Pagan 検定，スチューデント化 Breusch–Pagan 検定，White 検定で p 値がそれぞれ 0.01918, 0.01319, 0.007897 となり，有意水準 5% で誤差項が均一分散であるという帰無仮説を棄却する．よって，有意に誤差項が不均一分散であるといえる．

```
library(lmtest)
# Breusch-Pagan 検定
```

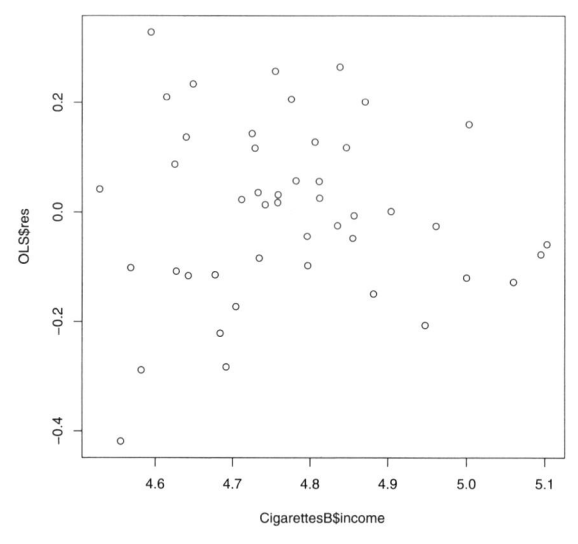

図 5.1 income と残差

```
bptest(OLS, varformula = ~ income + I(income^2)
       data = CigarettesB, student = FALSE)
# スチューデント化 Breusch-Pagan 検定
bptest(OLS, varformula = ~ income + I(income^2),
       data = CigarettesB)
# white 検定
bptest(OLS, varformula = ~ income * price
 + I(income^2) + I(price^2), data = CigarettesB)
```

```
# Breusch-Pagan 検定
        Breusch-Pagan test
data:  OLS
BP = 8.1157, df = 2, p-value = 0.01729
```

```
# スチューデント化 Breusch-Pagan 検定
        studentized Breusch-Pagan test
data:  OLS
```

```
        BP = 8.6567, df = 2, p-value = 0.01319
```

```
# white 検定
        studentized Breusch-Pagan test
data:  OLS
BP = 15.6564, df = 5, p-value = 0.007897
```

(e) Goldfeld–Quandt 検定を行う．パッケージ **lmtest** の関数 gqtest() を用いる．gqtest(r, order.by=x, alternative ="less") で，回帰の結果 r について，変数 x の値の大きさで 2 つの小サンプルに分類し，帰無仮説は小サンプル間の誤差項の分散が等しく，対立仮説は変数 x の大きい小サンプルの誤差項の分散がより小さいとして Goldfeld–Quandt 検定を行うという指示．例として income が小さいサンプルと大きいサンプルに分け，各サンプルごとの回帰モデルの誤差項の分散が等しいか等しくないかを調べる．

結果，p 値が 0.01338 と小さく，有意水準 5% で income の大きいグループと小さいグループで分散は有意に等しくないといえる．

```
gqtest(OLS, order.by = ~ income,
 data = CigarettesB, alternative = "less")
```

```
        Goldfeld-Quandt test
data:  OLS
GQ = 0.3592, df1 = 20, df2 = 20, p-value = 0.01338
```

(f) White の修正を行う．パッケージ **sandwich** の関数 vcovHC() とパッケージ **lmtest** の関数 coeftest() を用いる．vcovHC(r, type="HC0") で OLS の推定結果 r に対して，White の修正を行った分散共分散行列を計算するという指示．HC0 を HC1 や HC2 に変えることで誤差項の修正のタイプを指定できる．HC0, HC1, HC2 はそれぞれ HC0, HC1, HC2 に

対応している．例として OLS の結果を3つのパターンで修正する．
結果，OLS で得られる標準誤差と White の修正を行って得られる標準誤差は異なった値になっていることがわかる．White の修正は標準誤差を修正するので，標準誤差から得られる t 値や p 値は OLS で得られるものと異なるが，推定値は OLS で得られるものと等しいことに注意されたい．

```
library(sandwich)
coeftest(OLS, vcov = vcovHC(OLS, type = "HC0"))
coeftest(OLS, vcov = vcovHC(OLS, type = "HC1"))
coeftest(OLS, vcov = vcovHC(OLS, type = "HC2"))
```

```
# HC0
            Estimate Std. Error t value Pr(>|t|)
(Intercept)  4.29966    1.05891  4.0605 0.0002034 ***
price       -1.33833    0.33198 -4.0313 0.0002225 ***
income       0.17239    0.22876  0.7536 0.4552249
# HC1
            Estimate Std. Error t value Pr(>|t|)
(Intercept)  4.29966    1.09523  3.9258 0.0003076 ***
price       -1.33833    0.34337 -3.8977 0.0003352 ***
income       0.17239    0.23661  0.7286 0.4702172
# HC2
            Estimate Std. Error t value Pr(>|t|)
(Intercept)  4.29966    1.10873  3.8780 0.0003558 ***
price       -1.33833    0.35453 -3.7749 0.0004859 ***
income       0.17239    0.23973  0.7191 0.4759835
```

(g) WLS を行う．関数 lm() を用いる．lm(formula,weight=x,data=d) でデータセット d に対して，ウエイトを x として WLS を行うという指示．

例としてウエイトを 1/income にした場合と，1/income^2 にした場合について WLS を行い，オブジェクト WLS_1, WLS_2 に代入する．

5.4 Rで不均一分散

```
WLS_1 <- lm( packs ~ price + income,
 weights = 1/income, data = CigarettesB)
WLS_2 <- lm( packs ~ price + income,
 weights = 1/income^2, data = CigarettesB)
summary(WLS_1)
summary(WLS_2)
```

```
lm(formula = packs ~ price + income, data = CigarettesB,
 weights = 1/income)

Residuals:
     Min       1Q   Median       3Q      Max
-0.194956 -0.048900 0.003302 0.053567 0.154411

Coefficients:
            Estimate Std. Error t value Pr(>|t|)
(Intercept)   4.2438     0.9203   4.611 3.58e-05 ***
price        -1.3432     0.3273  -4.104 0.000178 ***
income        0.1843     0.1993   0.925 0.360307
---
Signif. codes:  0 '***' 0.001 '**' 0.01 '*' 0.05 '.' 0.1
 ' ' 1

Residual standard error: 0.07536 on 43 degrees of freedom
Multiple R-squared: 0.2997,    Adjusted R-squared: 0.2671
F-statistic: 9.202 on 2 and 43 DF,  p-value: 0.0004714
```

```
lm(formula = packs ~ price + income, data = CigarettesB,
 weights = 1/income^2)

Residuals:
     Min       1Q   Median       3Q      Max
-0.090781 -0.022382 0.001432 0.024526 0.072535
```

```
Coefficients:
            Estimate Std. Error t value Pr(>|t|)
(Intercept)   4.1874     0.9319   4.493 5.22e-05 ***
price        -1.3482     0.3300  -4.086 0.000188 ***
income        0.1963     0.2019   0.972 0.336267
---
Signif. codes:  0 '***' 0.001 '**' 0.01 '*' 0.05 '.' 0.1
    ' ' 1

Residual standard error: 0.03476 on 43 degrees of freedom
Multiple R-squared: 0.2959,      Adjusted R-squared: 0.2631
F-statistic: 9.035 on 2 and 43 DF,  p-value: 0.0005301
```

6 回帰分析（時系列データ）

この章では時系列データを用いて回帰分析を行う．時系列データとは，各値が時点に対応しているデータのことをいう．時系列データでは系列相関という問題が発生するので，これについて解説する．まず，時系列データの仮定について述べ，系列相関の検定と系列相関がある場合の推定方法をについて解説する．さらに時系列データをRで分析する方法について説明する．時系列データのさらに本格的な分析は第7章以降で解説する．

6.1 系 列 相 関

6.1.1 時系列データの標準的仮定

クロスセクションデータと異なり，時系列データは各時点ごとに観測されたデータであるので，観測値の順番（並べ方）に意味が存在する．そのため，観測値の順番に起因する問題が発生する．最も代表的な問題は系列相関 (serial correlation) であり，これはある時点の回帰分析の誤差項と，次（あるいはそれ以降）の時点の誤差項が相関している状態のことである．系列相関がある場合，OLS推定量は一致性をもつが有効性がなく，また，OLSで得られる検定統計量を用いて t 検定，F 検定，LM 検定を行うことが妥当ではなくなることが知られている[*1]．

本章ではまず，時系列データで系列相関のない場合の回帰分析について解説する．以下で説明する仮定6.1〜6.5までが成り立てば，Gauss–Markovの定理が成り立つことが知られている．つまり，このときOLS推定量はBLUEにな

[*1] LM検定に関してはA.3節を参照されたい．

る．仮定 6.6 は標本の大きさが小さいときでも正確な信頼区間や仮説検定の棄却域を求めることを可能にする仮定である．仮定 6.1〜6.6 までを時系列データの場合の標準的仮定とする．下記の仮定は Wooldridge (2009, Chapter 10) で用いられているものである．仮定はさらに緩めたり，他の仮定に置き換えたりすることもできるが，本書では立ち入らない．

仮定 6.1（パラメーターに関して線形性） $\{(x_{t1}, x_{t2}, \ldots, x_{tk}, y_t) : t = 1, 2, \ldots, T\}$ は確率過程であり，以下のような線形モデルに従う．

$$y_t = \beta_0 + \beta_1 x_{t1} + \beta_2 x_{t2} + \cdots + \beta_k x_{tk} + u_t \tag{6.1}$$

ただし，y_t を被説明変数，$x_{t1}, x_{t2}, \ldots, x_{tk}$ を説明変数，$\{u_t : t = 1, 2, \ldots, T\}$ は誤差項とし，T は標本の大きさ（つまり，観測時点の数）とする．

仮定 6.2（完全な共線性が存在しない） 値がすべて一定になるような説明変数はない．また，他の説明変数と完全に線形関係にあるような説明変数もない．

仮定 6.3（条件付き期待値が 0） すべての時点の説明変数で条件づけられた各時点 t の誤差項 u_t の期待値が 0 である．つまり，

$$\mathrm{E}[u_t | \boldsymbol{X}] = 0 \quad (t = 1, 2, \ldots, T)$$

が成り立つ．ただし，$t = 1, 2, \ldots, T, j = 1, 2, \ldots, k$ とすると $\boldsymbol{X}$ は (t, j) 要素が x_{tj} であるような T 行 k 列の行列である．つまり，すべての時点のすべての説明変数を含む．

すべての時点の説明変数に対して誤差項が外生性をもつので，仮定 6.3 は強外生性と呼ばれる．

仮定 6.4（誤差項の条件付き分散が均一） すべての時点 t で条件付き分散が等しい．つまり

$$\mathrm{Var}(u_t | \boldsymbol{X}) = \sigma^2 \quad (t = 1, 2, \ldots, T)$$

が成り立つ．

仮定 6.5（系列相関がない） 任意の 2 つの異なった時点の誤差項は条件付き

無相関である．つまり，$t = 1, 2, \ldots, T, s = 1, 2, \ldots, T$ に対して

$$\text{Cov}(u_t, u_s | \boldsymbol{X}) = 0 \quad (t \neq s)$$

が成り立つ．

仮定 6.6（正規性）　誤差項は $\boldsymbol{X}$ とは独立で，独立で同一な正規分布 $N(0, \sigma^2)$ に従う．

6.1.2　系列相関とその原因

回帰モデルの異なる時点の誤差項の間に相関がある場合，つまり

$$\text{Cov}(u_t, u_s | \boldsymbol{X}) \neq 0$$

であるとき，誤差項に系列相関が存在するという．仮定 6.1～6.3 が成り立っていれば，OLS 推定量は不偏推定量となる．しかし，系列相関が存在する場合，OLS 推定量の有効性は失われ，OLS で得られる t 統計量，F 統計量，LM 統計量を用いて仮説検定を行うことが妥当ではなくなる．

系列相関の原因の一つとして，モデルの特定化が誤っている場合がある．モデルの特定化の誤りとは，真のモデルとは異なるモデルを（真のモデルと思い込んで）用いて分析したことに起因する誤りのことをいう．たとえば，真のモデルは

$$y_t = \beta_0 + \beta x_t + \gamma z_t + v_t \quad (t = 1, 2, \ldots, T) \tag{6.2}$$

であるにもかかわらず，以下のようなモデルで推定を行ってしまう誤りである．

$$y_t = \beta_0 + \beta x_t + u_t \quad (t = 1, 2, \ldots, T) \tag{6.3}$$

このとき，もし (6.2) 式の z_t に系列相関があるとすると (6.3) 式の誤差項 $u_t = \gamma z_t + v_t$ にも系列相関が現れる．

最もよく起こるのは，1 期前の被説明変数が説明変数に入っている，以下のようなモデルが真のモデルであるのに対して，(6.3) 式を用いて推定を行ってしまうケースである．

$$y_t = \beta_0 + \beta x_t + \gamma y_{t-1} + v_t \tag{6.4}$$

6.1.3　系列相関と AR(1)

本項では（一般的な系列相関ではなく）系列相関の形を特定して話を進める．最も代表的な系列相関の形は，誤差項が 1 次の自己回帰 (autoregressive) モデルに従う場合である．これは $t = 1, 2, \ldots, T$ に対して回帰式

$$y_t = \beta_0 + \beta_1 x_{t1} + \cdots + \beta_k x_{tk} + u_t \tag{6.5}$$

の誤差項が

$$u_t = \rho u_{t-1} + e_t \tag{6.6}$$

$$|\rho| < 1$$

であるモデルである．ただし，$\mathrm{E}[u_t|\boldsymbol{X}] = 0$ で，e_t は独立で同一な分布に従い，

$$\mathrm{E}[e_t|u_{t-1}, u_{t-2}, \ldots] = 0$$
$$\mathrm{Var}\,(e_t|u_{t-1}) = \mathrm{Var}\,(e_t) = \sigma_e^2$$

とする．(6.6) 式で定義されるのが 1 次の自己回帰モデルであり，**AR(1)** モデルと表す．誤差項 u_t の分散は

$$\mathrm{Var}(u_t) = \sigma^2 = \frac{\sigma_e^2}{1 - \rho^2}$$

となる．また，AR(1) モデルにおいて誤差項の共分散および相関係数は以下のようになる．

$$\mathrm{Cov}\,(u_t, u_{t+j}) = \rho^j \sigma^2$$
$$\mathrm{Corr}\,(u_t, u_{t+j}) = \rho^j$$

ただし $\mathrm{Corr}(u_t, u_{t+j})$ は u_t と u_{t+j} の相関係数である．

6.2　系列相関の検定

この節では，AR(1) モデルや，さらに次数の高い AR(p) モデルの形の系列相関の存在に関する検定について説明する．理論の詳細については Wooldridge (2009, Chapter 12) を参照されたい．以下で述べる検定はすべて，帰無仮説は系列相関が存在しない，対立仮説は系列相関が存在するとしている．

6.2.1 誤差項が AR(1) モデルに従う場合
a. t 検定

誤差項 u_t が AR(1) モデルに従う場合の系列相関に関する最もシンプルな検定方法について解説する.

(a) (6.5) 式に関して OLS を行い, 残差 $\hat{u}_t, t = 1, 2, \ldots, T$ を求める.
(b) (6.7) 式に関して OLS を行い, 回帰係数 $\hat{\rho}$ に関する t 値を求める.

$$\hat{u}_t = \rho \hat{u}_{t-1} + \tilde{e} \quad (t = 2, 3, \ldots, T) \tag{6.7}$$

(c) 得られた t 値を用いて, 帰無仮説 H_0 と対立仮説 H_1 を以下のようにおいて通常の t 検定を行う.

$$H_0 : \rho = 0$$
$$H_1 : \rho \neq 0$$

帰無仮説 H_0 の下で系列相関が存在せず, 対立仮説 H_1 の下で AR(1) モデルの形で系列相関が存在するとみなすことができる.

ただし, この方法で求められた検定統計量はサンプルサイズが小さいときに問題があることが知られている. 一般的にはこの問題を改善した Durbin–Watson 検定を行う.

b. Durbin–Watson 検定

ここで **Durbin–Watson 検定**について解説する. Durbin–Watson 検定統計量 (以下, DW 検定統計量) は以下のように定義される.

$$DW = \frac{\sum_{t=2}^{T} (\hat{u}_t - \hat{u}_{t-1})^2}{\sum_{t=1}^{T} \hat{u}_t^2}$$

ただし, $\hat{u}$ は (6.5) 式に関して OLS を行って得られる残差とする. DW 検定統計量は,

$$DW \simeq 2(1 - \hat{\rho})$$

と近似できる. ここで $\simeq$ は近似を表し, $\hat{\rho}$ は (6.7) 式に関して OLS を行って得られる ρ の推定値である.

右片側対立仮説の場合を考える．帰無仮説 H_0 と対立仮説 H_1 を以下のようにおく．

$$H_0 : \rho = 0$$
$$H_1 : \rho > 0$$

帰無仮説 H_0 の下で系列相関は存在しない．対立仮説 H_1 の下で正の系列相関が存在する．

DW 検定統計量は，分布が説明変数の値に依存するために正確な分布を計算することは難しい．また，サンプルサイズ，モデルに含まれる説明変数の数および定数項を含むかどうかによっても分布の形状が異なる．ただし，サンプルサイズとモデルに含まれる説明変数，および定数項を含むかどうかが決まれば臨界値の下限 d_L と上限 d_U が決まる．検定の結果は，検定統計量と臨界値の上限と下限によって，以下のような 3 つの場合に分けられる．

- $DW < d_L$ ならば，帰無仮説 H_0 を棄却する．
- $d_L \leq DW \leq d_U$ ならば，検定の結果を決められない．
- $DW > d_U$ ならば，帰無仮説 H_0 を棄却できない．

次に以下の左片側対立仮説を考える．

$$H_0 : \rho = 0$$
$$H_1 : \rho < 0$$

帰無仮説 H_0 の下で系列相関は存在しない．対立仮説 H_1 の下で負の系列相関が存在する．このとき，以下のように検定の結果を決める．

- $DW > 4 - d_L$ ならば，帰無仮説 H_0 を棄却する．
- $4 - d_U \leq DW \leq 4 - d_L$ ならば，検定の結果を決められない．
- $DW < 4 - d_U$ ならば，帰無仮説 H_0 を棄却できない．

c. Durbin の altanative 検定

t 検定や Durbin–Watson 検定は，強外生性の仮定の下で妥当である．つまり，強外生性が成り立っていないような状況，たとえば一つ以上の説明変数 x_{tj} と u_{t-1} が相関をもっているときには，t 統計量の帰無分布は t 分布にはなら

ず,t検定を行うことは妥当ではない.Durbin–Watson 検定についても同様である.典型的な例としては説明変数に 1 期前の被説明変数 y_{t-1} が含まれる場合であり,y_{t-1} と u_{t-1} は相関をもつ.以下では,この点を改善した Durbin の alternative 検定について解説する.

強外生性が成り立たないときは,仮定 6.3(強外生性の仮定)の代わりに,以下の同時外生性の仮定をおくことが多い.

仮定 6.7(条件付き期待値が 0(同時外生性)) 各時点 t の説明変数で条件づけられた時点 t の誤差項 u_t の期待値が 0.つまり,

$$\mathrm{E}[u_t | x_{t1}, x_{t2}, \ldots, x_{tk}] = 0 \quad (t = 1, 2, \ldots, T)$$

が成り立つ.

[Durbin の alternative 検定]

(a) 下記のモデル対して OLS を行って,残差 $\hat{u}_t, t = 1, 2, \ldots, T$ を求める.

$$y_t = \beta_0 + \beta_1 x_{t1} + \cdots + \beta_k x_{tk} + u_t$$

(b) 求めた $\hat{u}_t$ を使い,$t = 2, 3, \ldots, T$ に対して下記のモデルを OLS を行って,$\hat{u}_{t-1}$ の係数 $\hat{\rho}$ の t 値を求める.

$$\hat{u}_t = \gamma_0 + \gamma_1 x_{t1} + \cdots + \gamma_k x_{tk} + \rho \hat{u}_{t-1} + v_t$$

(c) 求めた t 値に関して通常の方法で以下の t 検定を行う.帰無仮説 H_0 と対立仮説 H_1 は以下のとおりである.

$$H_0 : \rho = 0$$
$$H_1 : \rho \neq 0$$

帰無仮説の下で系列相関は存在せず,対立仮説の下で系列相関が存在する.

6.2.2 誤差項が AR(p) モデルに従う場合

次に,誤差項が p 次の自己回帰モデル(以下 **AR(p)** モデルと呼ぶ)に従う場合を考える.AR(p) モデルとは

$$u_t = \rho_1 u_{t-1} + \rho_2 u_{t-2} + \cdots + \rho_p u_{t-p} + e_t$$

で定義されるモデルである.

誤差項が $AR(p)$ モデルの形で系列相関をもつかどうかを検定する方法について述べる. 以下の検定は **Breusch–Godfrey 検定** と呼ばれる. この検定は強外生性の仮定の有無にかかわらず妥当である.

(a) $t = 1, 2, \ldots, T$ に対して (6.5) 式について OLS を行い, 残差 $\hat{u}_t$ を得る.

(b) $t = p+1, p+2, \ldots, T$ に対して

$$\begin{aligned}\hat{u}_t &= \gamma_0 + \gamma_1 x_{t1} + \gamma_2 x_{t2} + \cdots + \gamma_k x_{tk} \\ &\quad + \rho_1 \hat{u}_{t-1} + \rho_2 \hat{u}_{t-2} + \cdots + \rho_p \hat{u}_{t-p} + e_t \end{aligned} \quad (6.8)$$

について OLS を行う.

(c) (6.8) 式について, 帰無仮説 H_0 と対立仮説 H_1 を以下のようにおいて F 検定か LM 検定を行う.

$$H_0 : \rho_1 = \rho_2 = \cdots = \rho_p = 0$$
$$H_1 : \rho_1, \rho_2, \cdots, \rho_p \text{のいずれかが} 0 \text{ではない}$$

LM 検定統計量は

$$LM = (n-p) R_{\hat{u}}^2$$

となることが知られている. ただし, $R_{\hat{u}}^2$ は (6.8) 式について OLS を行った際に得られる決定係数である. 帰無仮説の下で LM 統計量は, 漸近的に自由度 p の χ^2 分布に従うことが知られている.

6.3　系列相関のある場合の推定

すでに述べたように回帰分析モデルの誤差項が系列相関をもっていた場合, OLS 推定量は一致性をもつが有効性をもたない. また, OLS から得られる検定統計量を用いて t 検定などを行うことも妥当ではなくなることが知られている.

6.3 系列相関のある場合の推定

このとき，系列相関を考慮した推定方法を用いることによって，一致性と有効性をもつ推定量を得ることができる．また，大標本（標本の大きさが十分に大きいとき）の下ではこれらの推定方法で得られる t 値を用いて検定を行うことが妥当となる．このような分析手法の代表例として，ここでは **FGLS**（feasible generalized least squares：実行可能一般化最小 2 乗）と **Newey–West** の修正について簡単に述べる．

6.3.1 FGLS

本項では誤差項に AR(1) モデルの系列相関がある場合の FGLS について解説する．FGLS の詳細は Wooldridge (2009, Chapter 12.3) を参照されたい．

以下，回帰モデルは (6.5) 式で，誤差項の仮定は (6.6) 式として説明する．もし，(6.6) 式で ρ がわかっていれば，(6.5) 式を ρ を用いて変形することで，誤差項の系列相関の修正が可能である．具体的には $t = 2, 3, \ldots, T$ に対して (6.5) 式を 1 期ずらした

$$y_{t-1} = \beta_0 x_{t0} + \beta_1 x_{t1} + \cdots + \beta_k x_{tk} + u_{t-1}$$

の両辺に ρ を掛け，(6.5) 式から引くと以下の式が得られる．

$$\tilde{y}_t = \beta_0 \tilde{x}_{t0} + \beta_1 \tilde{x}_{t1} + \cdots + \beta_k \tilde{x}_{tk} + e_t \quad (t = 2, 3, \ldots, T) \tag{6.9}$$

ただし，$\tilde{y}_t = y_t - \rho y_{t-1}$, $\tilde{x}_{t0} = 1 - \rho$, $j = 1, 2, \ldots, k$ に対して $\tilde{x}_{tj} = x_{tj} - \rho x_{t-1,j}$ である．計算は省略するが，$t = 1$ のときは $\tilde{y}_1 = (1-\rho^2)^{\frac{1}{2}} y_1$, $j = 1, 2, \ldots, k$ に対して $\tilde{x}_{1j} = (1-\rho^2)^{\frac{1}{2}}$, $x_{10} = (1-\rho^2)^{\frac{1}{2}}$ となる．また，(6.9) 式の誤差項の e_t は (6.6) 式で定義されたものに等しい．e_t には系列相関がないので (6.9) 式の OLS 推定量は BLUE となる．

しかし，実際のデータ分析では ρ の値が事前にわからないので ρ の推定値 $\hat{\rho}$ を用いて分析を行う．これが FGLS の基本的な考え方である．FGLS の具体的な手順は以下のとおりである．

(a) $t = 1, 2, \ldots, T$ に対して，(6.5) 式について OLS を行い，残差 $\hat{u}_t$ を求める．

(b) (6.6) 式の u_t の代わりに求めた残差 $\hat{u}_t$ を用いて

$$\hat{u}_t = \rho \hat{u}_{t-1} + e_t \tag{6.10}$$

について OLS を行い，係数の推定値 $\hat{\rho}$ を求める．

(c) (6.9) 式の ρ に求めた $\hat{\rho}$ を代入した，以下の回帰式について OLS を行う．

$$\tilde{y}_t = \beta_0 \tilde{x}_{t0} + \beta_1 \tilde{x}_{t1} + \cdots + \beta_k \tilde{x}_{tk} + error_t$$

ただし，$\tilde{x}_{10} = (1-\hat{\rho}^2)^{\frac{1}{2}}$ で $t = 2, 3, \ldots, T$ のとき $\tilde{x}_{t0} = (1-\hat{\rho})$ である．以上の手続きで得られる推定量は **FGLS 推定量**と呼ばれる．本項の仮定のように誤差項の系列相関の形が AR(1) モデルの場合は，FGLS 推定量は一致性と有効性をもつ．さらに大標本であれば t 検定を行える．$error_t$ は 6.1.3 項で定義した e_t のほかに $\hat{\rho}$ の推定誤差を含むが，$\hat{\rho}$ の推定誤差は FGLS 推定量の漸近分布に影響を与えない．

実際には，手順 (c) で得られた推定値から計算される残差を用いて，もう一度手順 (b) を行い新たに $\hat{\rho}$ を推定し，この $\hat{\rho}$ を用いて手順 (c) を行い，残差を計算するという作業を残差が収束する（残差の変化があらかじめ決めたある小さな値以下になる）まで繰り返して，推定値を求める場合が多い．

このような方法で得られる FGLS 推定量は初期値のとり方の違いなどによって，**Cochrane–Orcutt 推定量**や **Prais–Winsten 推定量**とも呼ばれることがある．

6.3.2 Newey–West の修正

誤差項に系列相関に加え，不均一分散もある場合について考える．5.3.1 項で述べたように，誤差項に不均一分散がある場合には OLS で得られる標準誤差にバイアスが生じ，t 検定が妥当ではないという問題点があった．系列相関と不均一分散が同時に存在する場合は，5.3.1 項で述べた White の修正方法でも問題が発生することが知られている．このとき，Newey and West (1987) で提唱された **Newey–West の修正方法**を用いることが多い．Newey–West の修正方法の詳細に関しては，Greene (2007, Section 19.5.2) や Davidson and MacKinnon (2004, Section 9.4) を参照されたい．

Newey–West の修正を用いた $\hat{\boldsymbol{\beta}}$ の分散共分散行列の推定量は以下のとおり

である.

$$\widehat{\mathrm{Var}}(\hat{\boldsymbol{\beta}}) = \frac{1}{T}\sum_{t=1}^{T}\hat{u}_t^2 \boldsymbol{x}_t \boldsymbol{x}_t' + \frac{1}{T}\sum_{l=1}^{L}\sum_{t=l+1}^{T} w_l \hat{u}_t \hat{u}_{t-l}\left(\boldsymbol{x}_t \boldsymbol{x}_{t-l}' + \boldsymbol{x}_{t-l}\boldsymbol{x}_t'\right)$$
$$w_l = 1 - \frac{l}{L+1}$$
(6.11)

ただし,$\boldsymbol{x}_t = (1, x_{t1}, x_{t2}, \ldots, x_{tk})$ は時点 t のすべての説明変数の値からなるベクトル,$\hat{u}_t$ は (6.1) 式を OLS で推定して得られる時点 t の残差,T はサンプルサイズ,L は系列相関のある区間の最大値である.(6.11) 式で計算される $\widehat{\mathrm{Var}}(\hat{\boldsymbol{\beta}})$ は **Newey–West HAC** (heteroskedasticity and autocorrelation consistent) 分散共分散行列推定量とも呼ばれる.L の大きさを決める方法は Newey and West (1994) などで提案されている.

6.4　R で時系列データを分析

6.4.1　データの説明

この節では,東京電力がカバーしているエリアの電力需要と東京の気温の関係を R で分析する.2003 年 10 月 1 日～2004 年 2 月 28 日までの日次データ (1 日ごとに 1 つの観測値があるデータ) を用いる.データに含まれる変数は表 6.1 のとおりである.電力データの出所は『電気新聞』である.また,気象データの出所は気象庁である.

R の操作としては時系列データであっても,クロスセクションデータの場合とほぼ同じである.さらに R にデータを時系列データとして認識させることで,時系列データに対して役立つ関数が使える.

まず,時系列データのグラフの書き方と時系列データを R で分析する方法について解説し,時系列データに対する単回帰,重回帰を説明する.さらに,系

表 6.1　時系列データの内容

変数	意味	単位
day	日付	
week	曜日	
demand	東京電力の日次の電力需要	1000kWh
temp	東京の日次の平均気温 (気象庁方式)	℃

列相関の検定と系列相関がある場合の推定方法について説明する．以下では，例として時系列グラフの色や線の形などの指定をいくつか行うが，R でのグラフに関する関数のオプションの使い方などの詳細は舟尾 (2009) などを参照されたい．

6.4.2　2 軸のグラフ作成

横軸を時間とし，縦軸を気温と電力需要としたグラフを描く．気温と発電量は単位が違うので 2 軸のグラフにする．

(a) データの読み込みを行う．ここでは C ドライブの rdata フォルダにある denryoku.csv というファイルのなかのデータを denki というオブジェクトに代入する．

```
denki <- read.csv("C:/rdata/denryoku.csv")
```

(b) 時系列として扱うために，変数 day を Date 形式にする．関数 as.Date() を用いる．as.Date(x) でオブジェクト x を Date 形式変更するという指示．

```
day <- as.Date(denki$day)
```

(c) グラフの右側の余白を増やす．関数 par() で R のグラフィクス全般に関するパラメーターを設定することができる．par(mar=c(a,b,c,d)) でグラフの余白のサイズを決定できる．a, b, c, d はそれぞれ下側，左側，上側，右側の余白のサイズである．

```
par(mar=c(5,4,5,4))
```

(d) 時間を横軸とし，電力需要を縦軸としたグラフを描く．このようなグラフを時系列プロットという．関数 plot() を用いる．plot(x,y) で x を横軸，y を縦軸にしたグラフを描くという指示．xaxt="n" で横軸を描かないという指定．ylab = "e" で縦軸のラベル名を e にするという指定．ylim = c(f,g) で縦軸の下限を f，上限を g にするという指定．

type = "l"で線グラフにするという指定．lty = 3 で破線にするという指定．col = "red"で線を赤色にするという指定．
例として電力需要の単位を 1000000kWh にしたときのグラフを描く．

```
plot(day, denki$demand/1000, xaxt="n",
    ylab = "1000000kWh", ylim=c(0,1000),
    type = "l", lty = 3, col="red")
```

(e) 既存のグラフに新たなグラフを追加する (重ねる)．par(new=T) で現在表示中のグラフ上に新たなグラフを描くという指示．lty = 1 で実線にするという指定．col = "blue"で線を青色にするという指定．yaxt = ""で縦軸を描かないという指定．
例として，横軸に時間，縦軸に平均気温をとしたグラフを追加する．オプションは ylab = ""として縦軸のラベルを描かない．また，ylim = c(0,40) として縦軸の上限と下限を指定．

```
par(new=T)
plot(day, denki$temp, xaxt = "n",
    yaxt = "n", ylab = "", ylim = c(0,40),
    type = "l", lty  = 1, col  = "blue")
```

(f) 右側に新たに縦軸を描く．関数 axis() と mtext() を用いる．axis(side = 4) で右側に縦軸を書くという指示．mtext() はグラフ内に文字を書くという指示．side = 4 は右側に書くという指定．line = h で図形領域から h 行離すという指定．text = "i"で i という文字列を書く．
例として，右側に気温の大きさを表す軸を作り，「°C」と軸のラベルを書く．

```
axis(side = 4)
mtext(side = 4, line = 3, text = "° C")
```

(g) 横軸の目盛りに日付を書く．関数 axis.Date() を用いる．side = 1 で

下側に時間目盛を書くという指示．at = seq(as.Date("j"), as.Date ("k"), "months")，で軸は j〜k 日まで，月次で目盛りを書くという指示．format = "%Y %m"で xxxx 年 yy 月ならば目盛りの書式を xxxx yy とするという指示．

例では 2003 年 10 月 1 日〜2004 年 3 月 1 日までの月次の目盛りを書く．

```
axis.Date(side = 1,
  at = seq(as.Date("2003/10/1"),
      as.Date("2004/3/1"), "months"),
  format = "%Y %m")
```

(h) 凡例をつける．関数 legend() を用いる．"topleft"で左上に書くという指示．legend = m で m という凡例を書くという指示．m はベクトルでもよい．lty, col は plot() のときと同じである．bty = "n"は凡例の外側に枠を書かないという指示．

例として，図の左上に demand と temp という凡例を作成する．以上の操作から最終的に図 6.1 が出力される．

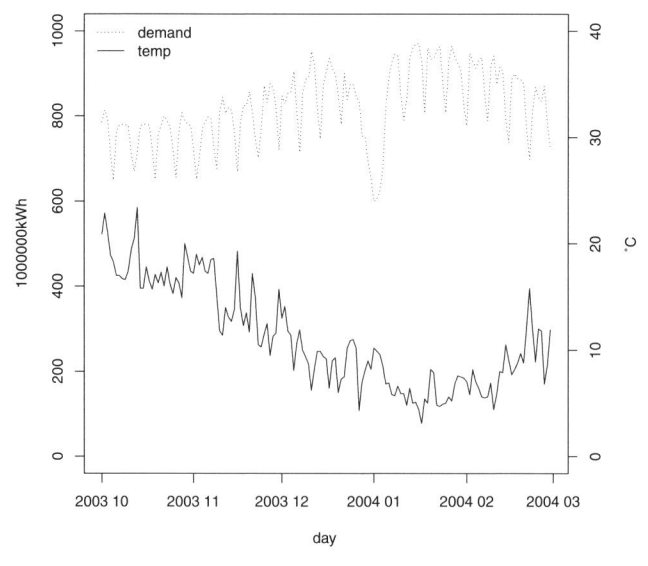

図 6.1 時系列プロット

```
legend("topleft",
       legend = c("demand", "temp"),
       lty    = c(3,1),
       col    = c("red","blue"),
       bty    = "n")
```

6.4.3 単回帰（時系列）

(a) 被説明変数を demand，説明変数を temp として単回帰分析を行う．モデルは以下のとおりである．

$$\text{demand}_t = \beta_0 + \beta_1 \text{temp}_t + u_t \quad (t=1,2,\ldots,T) \tag{6.12}$$

(b) OLS を行う．関数 lm() と関数 summary() を用いる．R の操作と結果の見方はクロスセクションのときとまったく同じである．

```
result1 <- lm(demand ~ temp, data = denki)
summary(result1)
```

```
Call:
lm(formula = demand ~ temp, data = denki)
Residuals:
    Min      1Q  Median      3Q     Max
-233279  -38621   20721   46991  124961
Coefficients:
             Estimate Std. Error t value Pr(>|t|)
(Intercept)    949153      14015  67.725   <2e-16 ***
temp           -11379       1143  -9.959   <2e-16 ***
---
Signif. codes:  0 '***' 0.001 '**' 0.01 '*' 0.05 '.' 0.1 ' ' 1
Residual standard error: 68010 on 150 degrees of freedom
Multiple R-squared: 0.398, Adjusted R-squared: 0.394
F-statistic: 99.19 on 1 and 150 DF,  p-value: < 2.2e-16
```

(c) 残差を zoo 形式のオブジェクトとして保存する[*2]．関数 residuals() とパッケージ **zoo** の関数 zoo() を用いる．residuals(回帰分析の結果) は回帰分析の残差を出力するという関数である．zoo(x,y) はオブジェクト x と日付 y を対応させ，オブジェクトを zoo 形式にするという指示．

例として，オブジェクト res1 に残差と日付の情報を代入する．

```
library(zoo)
res1 <- zoo(residuals(result1), day)
```

(d) 残差のグラフを描く．

例として横軸に時間目盛り（月次）を記入する．図 6.2 のようになる．

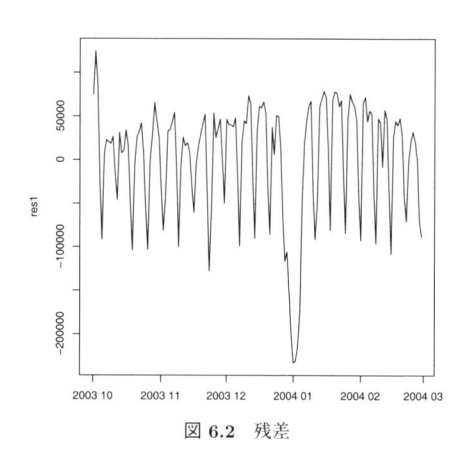

```
plot.zoo(res1, xaxt = "n",xlab = "")
axis.Date(side = 1,
          at = seq(as.Date("2003/10/1"),
          as.Date("2004/3/1"), "months"),
          format = "%Y %m")
```

図 6.2　残差

[*2] zoo 形式のオブジェクトは時間と時間に対応した変数を同時に代入することができる．グラフを描く際に便利である．

6.4.4 重回帰(時系列)とダミー変数

本項では月曜ダミー mon,土曜ダミー sat,日曜ダミー sun,国民の祝日ダミー holiday,正月ダミー syogatu を作成し,これらを用いて重回帰分析を行う.

(a) 被説明変数を demand,説明変数を temp, mon, sat, sun, holiday, syogatu として重回帰分析を行う.モデルは以下のとおりである.

$$\text{demand}_t = \beta_0 + \beta_1 \text{temp}_t + \beta_2 \text{mon}_t + \beta_3 \text{sat}_t + \beta_1 \text{sun}_t \\ + \beta_1 \text{holiday}_t + \beta_1 \text{syogatu}_t + u_t \quad (t = 1, 2, \ldots, T) \tag{6.13}$$

(b) 曜日ダミーを作成.関数 ifelse() を用いる.

例として denki$week が"月"のとき 1,その他の場合 0 となる変数(月曜ダミー)を作り denki$mon という名前で保存する.土曜ダミー sat,日曜ダミー sun も同様に作る.

```
denki$mon <- ifelse(denki$week=="月", 1, 0)
denki$sat <- ifelse(denki$week=="土", 1, 0)
denki$sun <- ifelse(denki$week=="日", 1, 0)
```

(c) 休日ダミーと正月ダミーを作成.関数 ifelse() と関数 as.Date() を用いる.

例では,まず denki$hiduke を Date 形式[3]にし,オブジェクト denki$date に代入する.10月3日,11月3日,11月23日,1月12日,2月11日は 1,その他は 0 となるような変数を作り,オブジェクト denki$holiday に代入する.| という記号は「または」を意味する論理記号である.同様にしてオブジェクト denki$syogatu にも 12月31日および1月1日〜3日が 1,その他の日は 0 となるような変数を代入する.

```
denki$date    <- as.Date(denki$day)
```

---

[3] Date 形式にすることによって R は変数が日付を表すと認識する.

```
denki$holiday <- ifelse(
                denki$date=="2003-10-13"|
                denki$date=="2003-11-03"|
                denki$date=="2003-11-23"|
                denki$date=="2004-01-12"|
                denki$date=="2004-02-11",
                1,0)
denki$syogatu <- ifelse(
                denki$date=="2003-12-31"|
                denki$date=="2004-01-01"|
                denki$date=="2004-01-02"|
                denki$date=="2004-01-03",
                1,0)
```

(d) 重回帰分析を行う．Rの操作としてはクロスセクションデータのときの重回帰分析と同じである．

その結果，月曜，土曜，日曜，休日，正月ダミー変数は有意に負の値をとることがわかった．これは，月曜，土曜，日曜や休日，正月はその他の日よりも電力需要が小さいことを意味する．

```
result2 <- lm(demand ~ temp + mon + sat + sun
         + holiday + syogatu, data = denki)
summary(result2)


Call:
lm(formula = demand ~ temp + mon + sat + sun + holiday
 + syogatu, data = denki)
Residuals:
      Min       1Q   Median       3Q      Max
-194362.7  -14549.7    544.3  18472.1  84380.6
Coefficients:
             Estimate Std. Error t value Pr(>|t|)
(Intercept)  990438.9     6952.6 142.455  < 2e-16 ***
temp         -11410.0      535.1 -21.322  < 2e-16 ***
mon          -30523.5     7976.0  -3.827 0.000192 ***
```

```
sat          -69107.8     7568.8  -9.131  5.4e-16 ***
sun         -132147.3     7608.2 -17.369  < 2e-16 ***
holiday      -35643.6    14938.9  -2.386 0.018326 *
syogatu     -243967.2    16181.3 -15.077  < 2e-16 ***
---
Signif. codes:  0 '***' 0.001 '**' 0.01 '*' 0.05 '.' 0.1 ' '
1
Residual standard error: 31700 on 145 degrees of freedom
Multiple R-squared: 0.8736, Adjusted R-squared: 0.8684
F-statistic:   167 on 6 and 145 DF,  p-value: < 2.2e-16
```

(e) 残差のグラフを描いて比較をする．関数 cbind()，関数 plot.zoo() を用いる．cbind(x,y) は n 行のベクトル x と y をまとめて n 行 2 列にするという指示．plot.zoo(z, plot.type = "single") で 1 つのグラフに複数のベクトル z からなる線グラフを描くという指示．

例として，重回帰の分析結果を zoo 形式にし，オブジェクト res2 に代入する．次に res1（単回帰の残差）と res2（重回帰の残差）を 1 つのグラフで書く．横軸に日付を入れて，凡例をつける．グラフは図 6.3 のとおりである．

```
res2 <- zoo(residuals(result2), day)
plot.zoo(cbind(res1,res2), xaxt = "n", xlab = "",
         plot.type="single", lty = c(3,1),
         col = c("red","blue"))
axis.Date(side = 1, at = seq(as.Date("2003/10/1"),
          as.Date("2004/3/1"), "months"),
          format = "%Y %m")
legend("top", legend = c("res1", "res2"),
       lty = c(3,1), col = c("red","blue"),
       bty ="n")
```

図 6.3 残差の比較

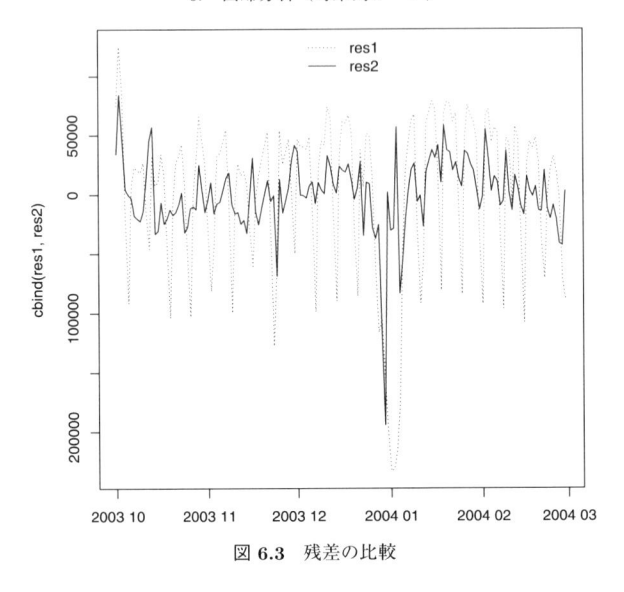

6.4.5 系列相関の検定

すでに述べたとおり，回帰モデルの誤差項に系列相関が存在する場合がある．本項では (6.13) 式の誤差項の系列相関に関する検定を R で行う．

(a) 残差と 1 期ラグをとった残差をプロットする．ラグをとるために関数 lag() を用いる．lag(x, k = a) で時系列データ x の a 期のラグをとるという指示．

プロットの結果は図 6.4 のようになる．図をみると残差が大きいときに 1 期ラグをとった残差が大きくなっているので，正の系列相関が存在する可能性がある．

```
plot(res2, lag(res2, k = 1))
```

(b) Durbin–Watson 検定を行う．パッケージ **lmtest** の関数 dwtest() を用いる．dwtest(回帰分析結果) で，Durbin–Watson 検定を行う指示．分析の結果，DW 検定統計量は 1.1275 である．サンプルサイズが 152 で定数項を除く説明変数が 6 個のときの d_L は約 1.668[*4)]なので，系列

[*4)] この値は，http://www.stanford.edu/ clint/bench/dwcrit.htm などで調べることができる．

6.4 Rで時系列データを分析

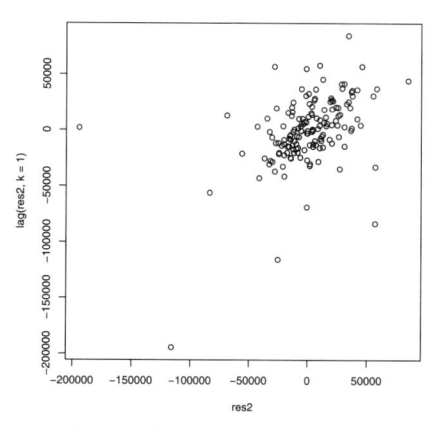

図 6.4 残差と 1 期ラグをとった残差

相関がないという帰無仮説は棄却され，正の系列相関が存在すると結論できる．また，R は自動的に Farebrother (1980; 1984) の方法で DW 検定統計量から p 値を計算する．例では，p 値は $2.035e-08$ と非常に小さい値なので有意水準 1% で帰無仮説は棄却される．

```
library(lmtest)
dwtest(result2)
```

```
        Durbin-Watson test
data:   result2
DW = 1.1275, p-value = 2.035e-08
alternative hypothesis:
 true autocorrelation is greater than 0
```

(c) Breusch–Godfrey 検定を行う．パッケージ **lmtest** の関数 bgtest() を用いる．bgtest(回帰分析結果) で，Breusch–Godfrey 検定を行う指示．order = p とすることで誤差項の従う AR(p) モデルの次数を指定．検定の結果，p 値が $1.359e-08$ と非常に小さい値なので有意水準 1% で帰無仮説を棄却し，誤差項が AR(1) モデルで系列相関が存在するという結論となった．

```
bgtest(result2)
```

```
Breusch-Godfrey test for serial correlation
 of order 1
data:  result2
LM test = 32.2451, df = 1, p-value = 1.359e-08
```

6.4.6 系列相関のある場合の推定

6.3 節で説明したとおり系列相関の検定を行い誤差項に系列相関が存在した場合，OLS ではさまざまな問題が起こる．そのため，この問題を修正した FGLS や Newey–West の修正などを用いて分析を行う必要がある．本項では R で FGLS での推定や Newey–West の修正を用いた分散共分散行列（つまり，標準誤差，t 値，p 値）の修正を行う方法について述べる．例として重回帰モデル (6.13) 式の場合のみ解説する．単回帰モデルも R の操作方法は同じである．

(a) FGLS を用いて推定を行う．関数 gls() を用いる．そのためにパッケージ nlme を読み込む必要がある．gls(被説明変数 ~ 説明変数1 + 説明変数2 + 説明変数3) で，被説明変数に対して説明変数 1,2,3 を用い FGLS で推定を行うという指示．基本的な回帰式の書き方は関数 lm() と同じである．corr=corARMA(p=1) で誤差項の系列相関の形が AR(1) であるという指示．result(GLS の結果) で結果を出力するという指示．分析の結果，係数の値と標準誤差，t 値，p 値が OLS の結果と異なる．結果の読み方はほぼ OLS の場合と同じである．出力結果の Phi の欄の 0.8262 という値が (6.6) 式の ρ の推定値である．

```
library(nlme)
result3 <- gls(demand ~ temp + mon + sat + sun
             + holiday + syogatu, corr=corARMA(p=1),
             data = denki)
summary(result3)
```

6.4 Rで時系列データを分析

```
Generalized least squares fit by REML
  Model: demand ~ temp + mon + sat + sun + holiday
    + syogatu
  Data: denki
       AIC      BIC    logLik
  3383.171 3409.962 -1682.586
Correlation Structure: AR(1)
 Formula: ~1
 Parameter estimate(s):
     Phi
 0.826217
Coefficients:
              Value Std.Error   t-value p-value
(Intercept) 949207.9 15948.004  59.51892   0e+00
temp         -8305.8   985.550  -8.42758   0e+00
mon         -20188.6  5177.752  -3.89911   1e-04
sat         -68131.3  4946.648 -13.77323   0e+00
sun        -125926.7  5820.026 -21.63680   0e+00
holiday     -38171.6  8775.954  -4.34957   0e+00
syogatu     -84338.0 18636.143  -4.52551   0e+00

Residual standard error: 43632.02
Degrees of freedom: 152 total; 145 residual
```

(b) Newey–West の修正を用いて分散共分散行列 (つまり, 標準誤差, t 値, p 値) を修正する. パッケージ **lmtest** と **sandwich** を用いる. 関数 coeftest() を用いる. coeftest(回帰分析の結果, vcov = NeweyWest) で Newey–West HAC 共分散推定量から計算された回帰係数の標準誤差, t 値, p 値を計算し出力するという指示. (6.11) 式の計算に必要な L の値は Newey and West (1994) の方法で自動的に決定されている. L は vcov = NeweyWest(回帰分析の結果, lag = L) として自分で指定することもできる.

分析の結果, 回帰係数の推定値はOLSの結果と等しいが標準誤差, t 値, p 値がOLSの結果と変わる.

```
library(lmtest,sandwich)
coeftest(result2, vcov = NeweyWest)
```

```
t test of coefficients:
            Estimate Std. Error  t value  Pr(>|t|)
(Intercept) 990438.87  11920.62  83.0862  < 2.2e-16 ***
temp         -11410.02    909.61 -12.5439 < 2.2e-16 ***
mon          -30523.50   8501.25  -3.5905 0.000451 ***
sat          -69107.81   5761.60 -11.9945 < 2.2e-16 ***
sun         -132147.32   6100.53 -21.6616 < 2.2e-16 ***
holiday      -35643.64  13813.78  -2.5803 0.010865 *
syogatu     -243967.22  15931.44 -15.3136 < 2.2e-16 ***
---
Signif. codes:  0 '***' 0.001 '**' 0.01 '*' 0.05 '.' 0.1
```

7 定常時系列分析

時系列 (time series) とは,時間とともに値が変化するデータである.純粋な時系列分析は,将来の不確実なものを分析する際に,分析対象自身の過去のデータのみを用いる手法である.多くの経済・経営・金融データは時系列方向にある程度データがとれる場合が多いので,時系列モデルを用いて分析を行うことが可能である.たとえば,経済学では過去の GDP のデータを用いて,将来の GDP を予測したいといった場合に用いられる.時系列モデルを大きく分けると,比較的扱いやすい定常時系列モデルと,多少高度な理論を必要とする非定常時系列モデルがあるが,この章では 1 変数の定常時系列モデルについてのみ解説する[1].R ではすでに時系列の統計分析手法に関する多くのパッケージが開発されており,基本的な分析であれば,自分で煩雑なプログラムをすることなしに容易に分析を行うことができる.

7.1 確率過程と定常時系列モデル

確率変数の列 $\{y_t\}_{t\geq 1} = \{y_1, y_2, \ldots,\}$ を確率過程という.特に時系列分析では理論上,正,負両方向への列 $\{y_t\}_{-\infty<t<\infty} = \{\ldots, y_{-1}, y_0, y_1, \ldots,\}$ を考えることも多い.

確率過程 $\{y_t\}_{-\infty<t<\infty}$ を特徴づける基本的な量には以下のものがある.

---

[1] 経済時系列分析について日本語で書かれた教科書としては,基礎から応用までを広く解説した山本 (1988),最近の発展までを詳しく解説している田中 (2006) などがあげられる.

$$\mathrm{E}\,[y_t] \quad (t =, \ldots, -1, 0, 1, \ldots) \quad (y_t \text{ の平均})$$

$$\mathrm{Var}\,(y_t) \quad (t =, \ldots, -1, 0, 1, \ldots) \quad (y_t \text{ の分散})$$

$$\mathrm{Cov}(y_t, y_{t+h}) \quad (t =, \ldots, -1, 0, 1, \ldots) \quad (y_t \text{ と } y_{t+h} \text{ の共分散})$$

$$(h =, \ldots, -1, 0, 1, \ldots)$$

ただし y_t と y_{t+h} の共分散は

$$\mathrm{Cov}(y_t, y_{t+h}) = \mathrm{E}[(y_t - \mathrm{E}[y_t])(y_{t+h} - \mathrm{E}[y_{t+h}])]$$

で定義される．

定義 7.1 確率過程 $\{y_t\}_{-\infty < t < \infty}$ が以下の条件を満たすとき，$\{y_t\}_{-\infty < t < \infty}$ は定常であるという．

$$\mathrm{E}[y_t] = \mu \quad (t =, \ldots, -1, 0, 1, \ldots)$$

$$\mathrm{Var}\,(y_t) = \sigma^2 \quad (t =, \ldots, -1, 0, 1, \ldots)$$

$$\mathrm{Cov}\,(y_t, y_{t+h}) = \gamma(|h|) \quad (t =, \ldots, -1, 0, 1, \ldots)$$

$$(h =, \ldots, -1, 0, 1, \ldots)$$

定常な確率過程を**定常過程** (stationary process) という．

つまり，定常過程とは期待値，分散，共分散という確率過程の特徴が時点 t に依存せず一定である確率過程のことである．定常過程については，時差 $h > 0$ の値の共分散 $\gamma(h)$ を**自己共分散** (autocovariance) という．共分散は y_t の単位に依存するので，相関係数の方が便利であることが多い．時差 h の 2 時点間の値の相関係数は

$$\rho(h) = \frac{\gamma(h)}{\gamma(0)} \tag{7.1}$$

で与えられ，**自己相関係数** (autocorrelation coefficient) という．

過程 u_t が以下の条件を満たすとき，$\{u_t\}$ はホワイトノイズと呼ばれる．

$$\mathrm{E}[u_t] = 0 \qquad (7.2)$$
$$\mathrm{Var}(u_t) = \sigma^2 \qquad (7.3)$$
$$\mathrm{Cov}(u_s, u_t) = 0 \quad (s \neq t) \qquad (7.4)$$

7.1.1 平均，自己共分散，自己相関係数の推定

標本の大きさ T の定常な時系列データ $\{y_1, y_2, \ldots, y_T\}$ が与えられたとき，平均 μ，自己共分散 $\gamma(h)$，自己相関係数 $\rho(h)$ はそれぞれ

$$\hat{\mu} = \bar{y} = \frac{1}{T} \sum_{t=1}^{T} y_t$$

$$\hat{\gamma}(h) = \frac{1}{T} \sum_{t=h+1}^{T} (y_t - \bar{y})(y_{t-h} - \bar{y}) \quad (h = 0, 1, \ldots, T-1)$$

$$\hat{\rho}(h) = \frac{\hat{\gamma}(h)}{\hat{\gamma}(0)} \quad (h = 1, 2, \ldots, T-1)$$

で推定される．それぞれ**標本平均**，**標本自己共分散**，**標本自己相関係数**と呼ばれる．

7.1.2 偏自己相関係数

自己相関係数 $\rho(h)$ は当期の値 y_t と h 期過去の値 y_{t-h} の相関係数（線形関係の尺度）であり，この間の $y_{t-1}, \ldots, y_{t-h+1}$ が y_t に与える影響を含んでいる．**偏自己相関係数** (partial autocorrelation coefficient) とは，$y_{t-1}, \ldots, y_{t-h+1}$ の影響を除いた後の y_t と y_{t-h} の線形関係の尺度である．射影 (projection) の方法を用いれば[*2)]，ラグが h の偏自己相関係数 ϕ_{hh} は以下の連立方程式の h 番目の解 ϕ_{hh} として求められることがわかる．

$$\begin{pmatrix} 1 & \rho(1) & \cdots & \rho(h-1) \\ \rho(1) & 1 & \cdots & \rho(h-2) \\ \vdots & \vdots & \ddots & \vdots \\ \rho(h-1) & \rho(h-2) & \cdots & 1 \end{pmatrix} \begin{pmatrix} \phi_{h1} \\ \phi_{h2} \\ \vdots \\ \phi_{hh} \end{pmatrix} = \begin{pmatrix} \rho(1) \\ \rho(2) \\ \vdots \\ \rho(h) \end{pmatrix} \qquad (7.5)$$

[*2)] たとえば Hamilton (1994, p.111) を参照せよ．

(7.5) 式の $\rho(j)$ を $\hat{\rho}(j)$ で置き換えたときの解 $\hat{\phi}_{hh}$ を標本偏自己相関係数という．実際に標本偏相関係数を求めるときには Durbin–Levinson の公式[*3]と呼ばれる逐次計算式を用いる．横軸にラグ h，縦軸に標本自己相関係数 $\hat{\rho}(h)$ または標本偏自己相関係数 $\hat{\phi}_{hh}$ をプロットした図をコレログラムという．コレログラムは時系列モデルの選択に重要な役割を果たす．

7.2　定常時系列モデル

定常な時系列データを分析するためには，具体的なモデルを想定する必要がある．そこで，複数時点の確率変数の間にある一定の規則を与えるモデルを考える．このようなモデルを時系列モデルという．この節では代表的な時系列モデルとして，自己回帰 (autoregressive, AR) モデル，移動平均 (moving average, MA) モデル，自己回帰移動平均 (autoregressive moving average, ARMA) モデル，自己回帰和分移動平均 (autoregressive integrated moving average, ARIMA) モデルの説明をする．これらのモデルは各時点の値が過去の自分自身の値と誤差項の線形関数で表されるので，**線形時系列モデル**と呼ばれる．

7.2.1　ARモデル

$\{u_t\} \sim$ i.i.d.$(0, \sigma^2)$[*4]とする．このとき以下のモデルを p 次の自己回帰モデルと呼ぶ．

$$y_t = \phi_0 + \phi_1 y_{t-1} + \cdots + \phi_p y_{t-p} + u_t \tag{7.6}$$

ただし，$\phi_0, \phi_1, \ldots, \phi_p$ はパラメータである．p 次の自己回帰モデルは **AR(p)** ともよばれる．AR(p) モデルが定常であるための十分条件は以下で与えられる．

AR(p) モデルの定常性

AR(p) モデル (7.6) は，特性方程式

[*3]　山本 (1988, p.35) を参照せよ．
[*4]　確率変数列 $\{u_t\}$ が i.i.d. で，期待値が $\mathrm{E}[u_t] = 0$，分散が $\mathrm{Var}(u_t) = \sigma^2$ であることを意味する．

$$\phi(x) = 1 - \phi_1 x - \cdots - \phi_p x^p = 0$$

の根の絶対値がすべて 1 より大きければ定常過程である.

AR(1) モデルでは以下の特性方程式

$$\phi(x) = 1 - \phi x = 0$$

ですべての根の絶対値が 1 より大きいということが定常性の条件である.

定常な AR(p) モデルについては以下の連立方程式が成り立つことがわかる.

$$\begin{pmatrix} 1 & \rho(1) & \cdots & \rho(p-1) \\ \rho(1) & 1 & \cdots & \rho(p-2) \\ \vdots & \vdots & \ddots & \vdots \\ \rho(p-1) & \rho(p-2) & \cdots & 1 \end{pmatrix} \begin{pmatrix} \phi_1 \\ \phi_2 \\ \vdots \\ \phi_p \end{pmatrix} = \begin{pmatrix} \rho(1) \\ \rho(2) \\ \vdots \\ \rho(p) \end{pmatrix} \quad (7.7)$$

この連立方程式を **Yule–Walker** 方程式という.

7.2.2 MA モデル

以下のモデルを q 次の移動平均モデルという.

$$y_t = \theta_0 + u_t + \theta_1 u_{t-1} + \cdots + \theta_q u_{t-q}$$

ただし $\{u_t\} \sim$ i.i.d.$(0, \sigma^2)$ である. q 階の移動平均モデルは **MA(q)** モデルとも呼ばれる. MA モデルは $\theta_1, \theta_2, \ldots, \theta_q$ の値によらず,つねに定常である.

7.2.3 ARMA モデル

AR モデルと MA モデルを合わせたモデルは自己回帰移動平均モデルと呼ばれる. 以下は,ARMA(1, 1) モデルである. ただし,$\{u_t\} \sim$ i.i.d.$(0, \sigma^2)$ である.

$$y_t = c + \phi_1 y_{t-1} + u_t + \theta_1 u_{t-1}$$

次数 (p,q) の自己回帰移動平均モデル，$\mathbf{ARMA}(p,q)$ モデルは以下のように定義される．

$$y_t = c + \phi_1 y_{t-1} + \cdots + \phi_p y_{t-p} + u_t + \theta_1 u_{t-1} + \cdots + \theta_q u_{t-q}$$

ARMA モデルは比較的小さな次数で多くのデータにうまく当てはまることが知られている．

ARMA(p,q) モデルでは以下の特性方程式

$$\phi(x) = 1 - \phi_1 x - \phi_2 x^2 - \cdots - \phi_p x^p = 0 \qquad (7.8)$$

で，すべての根の絶対値が 1 より大きいということが定常性の条件である．

7.2.4 ARIMA モデル

階差が ARMA モデルに従うモデルを **ARIMA** モデルと呼ぶ．ARIMA モデルは階差をとる前の変数は非定常であるが，階差をとることによって定常になるため本項で扱う．ある変数の当期の値と 1 期前の値の差のことを 1 階の階差 (difference) いい，Δy_t で表す．つまり

$$\Delta y_t = y_t - y_{t-1}$$

と定義する．1 階の階差 Δy_t 系列が ARMA(1,1) に従う以下のようなモデルを ARIMA(autoregressive integrated moving average) モデルと呼び，ARIMA(1,1,1) モデルと表現する．

$$\Delta y_t = c + \phi_1 \Delta y_{t-1} + u_t + \theta_1 u_{t-1}$$

1 階の階差 Δy_t の階差を 2 階の階差といい $\Delta^2 y_t$ で表す．同様に d 階の階差 $\Delta^d y_t$ も定義される．つまり

$$\Delta^2 y_t = \Delta(y_t - y_{t-1}) = y_t - 2y_{t-1} + y_{t-2}$$
$$\Delta^d y_t = \Delta(\Delta^{d-1} y_t) \quad (d = 3, \ldots)$$

となる．d 階の階差をとった系列が ARMA(p,q) モデル

$$\Delta^d y_t = c + \phi_1 \Delta^d y_{t-1} + \cdots \phi_p \Delta^d y_{t-p} + u_t + \theta_1 u_{t-1} + \cdots + \theta_q u_{t-q}$$

に従うとき，このモデルを ARIMA(p, d, q) モデルと呼ぶ．p, d, q はそれぞれ AR 部分の次数，階差の階数，MA 部分の次数を表す．

7.3　時系列モデルの推定

AR(p) モデルの次数 p や ARMA(p, q) モデルの次数 p, q が既知のときには，以下で説明する方法によりパラメータを推定する．

a. AR(p) モデルの推定

Yule–Walker 方程式 ((7.7) 式) の自己相関係数 $\rho(j)$ を標本自己相関係数 $\hat{\rho}(j)$ で置き換えた方程式を考える．この方程式を $\phi_1, \ldots, \phi_p$ について解いて，得られる値のことを $\phi_1, \ldots, \phi_p$ の **Yule–Walker 推定量**と呼ぶ．

AR(p) モデルの最尤法による推定は ARMA モデルの場合と類似しているので説明を省略する．

b. ARMA(p, q) モデルの推定

ARMA(p, q) モデルのパラメータ推定法としては最尤法が使われることが多い[*5)]．いま，定常な ARMA(p, q) モデル

$$y_t = \phi_1 y_{t-1} + \cdots + \phi_p y_{t-p} + u_t + \theta_1 u_{t-1} + \cdots + \theta_q u_{t-q}$$

を考える．ただし，$\{u_t\} \stackrel{\text{i.i.d.}}{\sim} N(0, \sigma^2)$ であると仮定する．ARMA(p,q) モデルのパラメータをベクトルで

$$\boldsymbol{\phi} = (\phi_1, \ldots, \phi_p)', \quad \boldsymbol{\theta} = (\theta_1, \ldots, \theta_q)'$$

と表す．このモデルから発生した標本 $\boldsymbol{y} = (y_1, \ldots, y_T)'$ は多変量正規分布に従う．$\boldsymbol{y}$ の分散共分散行列は $\sigma^2 \boldsymbol{\Sigma}$ の形に書ける．ただし $\boldsymbol{\Sigma}$ は正値定符号行列であり $\boldsymbol{\Sigma}$ の要素は $\boldsymbol{\phi}, \boldsymbol{\theta}$ の関数である．尤度関数は

$$L(\boldsymbol{\phi}, \boldsymbol{\theta}, \sigma^2) = (2\pi\sigma^2)^{-\frac{T}{2}} |\boldsymbol{\Sigma}|^{\frac{1}{2}} \exp\left(-\frac{1}{2\sigma^2} \boldsymbol{y}' \boldsymbol{\Sigma}^{-1} \boldsymbol{y}\right) \tag{7.9}$$

[*5)]　最尤推定量の基礎的な事柄については A 章をみよ．

で与えられる．(7.9) 式を最大にする値が $\phi, \boldsymbol{\theta}, \sigma^2$ の最尤推定量である．最尤推定値を求めるアルゴリズムとしていくつかの方法が提案されているが，R の関数 arima() では，Kalman フィルターと呼ばれる方法によって尤度関数を求める[*6]．

7.3.1 モデルの選択

ARMA(p,q) モデルの次数 p, q は未知であるので，なんらかの方法で p, q を選択する必要がある．次数選択の方法としては，Box–Jenkins 流の方法と情報量規準による方法とがある．

a. コレログラム

AR(p) モデルの場合，偏自己相関係数が p 次まで 0 ではなく，$p+1$ 次で 0 になる．自己相関係数に関しては徐々に減少していく．MA(q) モデルの場合，自己相関係数が q 次まで 0 ではなく，$q+1$ 次で 0 になる．偏自己相関係数に関しては徐々に減少していく．ARMA(p,q) モデルの場合，自己相関係数，偏自己相関係数ともに徐々に減少していくため，コレログラムで次数を決めることができない．

b. Ljung–Box 検定

Ljung–Box 検定は，時系列データで ARMA(p,q) モデルを推定し，得られる残差について低次の自己相関係数が 0 であるという帰無仮説を検定する．つまり

$$H_0 : \rho(1) = \rho(2) = \cdots = \rho(k) = 0$$
$$H_1 : いずれかの j\ (1 \leq j \leq k)\ について \rho(j) \neq 0$$

である．Ljung–Box 検定統計量は

$$Q^* = T(T+2) \sum_{j=1}^{k} \frac{\hat{\rho}^2(j)}{T-j}$$

で定義される．ただし $\hat{\rho}^2(j)$ は残差から得られる標本自己相関係数である．Ljung–Box 検定統計量の分布は帰無仮説 H_0 の下で，標本の大きさが大きいと

[*6] この方法の詳細は Gardner et al. (1980) を参照せよ．

きに自由度 $k-(p+q)$ の χ^2 分布で近似される．したがって，$\chi^2(k-p-q)$ 分布の上側パーセント点が Q^* についての棄却点となる．時系列モデルを推定した結果得られる残差系列に対して Ljung–Box 検定を行い，上記の帰無仮説 H_0 が棄却される場合は，モデルの選択が間違っていると考えることができる．

c. 情報量規準による方法

情報量規準と呼ばれるモデルとデータの距離を測る尺度がいくつか提案されている．よく用いられるのが **AIC**（Akaike's information criterion, 赤池情報量規準）や **BIC**（Bayesian information criterion, ベイズ情報量規準）であり，これらが最小になるモデルを選ぶ方法である．

定数項のある ARMA(p,q) モデルに対して AIC は以下のように定義される．

$$\mathrm{AIC}(p,q) = \ln\left(\frac{\sum_{t=1}^T \hat{u}_t^2}{T}\right) + \frac{2(p+q+1)}{T}$$

ただし $\hat{u}_t$ は ARMA(p,q) モデルを最尤推定したときの t 期の残差である．p,q の値の上限を定め，上限以下の p,q すべての組み合わせに対して ARMA(p,q) モデルを推定し AIC(p,q) を求める．次数選択の方法としては AIC(p,q) が最小になる次数を選択する．

定数項のある ARMA(p,q) モデルに対して BIC は以下のように定義される．

$$\mathrm{BIC}(p,q) = \ln\left(\frac{\sum_{t=1}^T \hat{u}_t^2}{T}\right) + \frac{(p+q+1)\ln T}{T}$$

BIC を用いるときは，AIC の場合と同様に BIC(p,q) が最小になる次数を選択する．AIC, BIC のどちらも第 1 項は推定されたモデルの残差 2 乗和の単調関数であるから，第 1 項が小さいほど当てはまりが良いことになる．第 2 項は ARMA モデルの次数の和の単調関数で，第 2 項が小さいほどモデルが単純であることを意味する．AIC, BIC のどちらも，モデルのデータに対する当てはまりとモデルの単純さをバランスした規準であるといえる．AIC と BIC を比較すると，第 2 項については BIC が AIC よりも大きく，BIC は次数の大きいモデルに AIC よりも大きなペナルティを与えている．したがって BIC 最小化法の方が AIC 最小化法と比較して次数のより低いモデルを選ぶ傾向があることがわかる．

7.4　RでAR(1)の分析

この節では以下ような AR(1) モデルに従う乱数を生成し，R を用いて時系列分析を行う．$t = 1, 2, \ldots, T$ に対して

$$y_t = \rho y_{t-1} + u_t \tag{7.10}$$

で $\rho = 0.7$ とする．

(a) AR(1) モデルに従う乱数を発生させる．関数 set.seed(), filter(), rnorm() を用いる．関数 set.seed(初期値) で，乱数の初期値を固定する．乱数の初期値を固定しないと作成するたびに値が変わる．rnorm(n) を用いて標準正規乱数を n 個作る．filter(a, k, method = "recursive") でオブジェクト a について (7.10) 式の ρ が k であるような AR(1) モデルに変換するという指示．

例としてシミュレーションでは (7.10) 式に従う 200 個の乱数を発生させ，101〜200 個目を分析に用いる．

```
set.seed(12)
a <- rnorm(200)
x <- filter(a, 0.7, method = "recursive")
x <- x[101:200]
```

(b) グラフとコレログラムを描く．関数 plot(), acf(x), pacf(x) を用いる．関数 plot(x) で x をプロットする．また，関数 acf(x), pacf(x) はそれぞれ，x の自己相関係数と偏自己相関係数のコレログラムを作成するという指示．

結果は，図 7.1〜7.3 のとおりである．

```
plot(x)
acf(x)
pacf(x)
```

7.4 R で AR(1) の分析

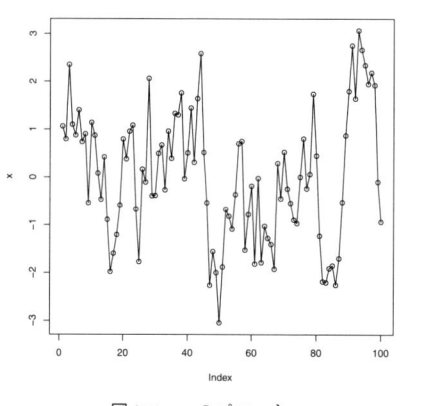

図 7.1 x のプロット

図 7.2 x の自己相関係数

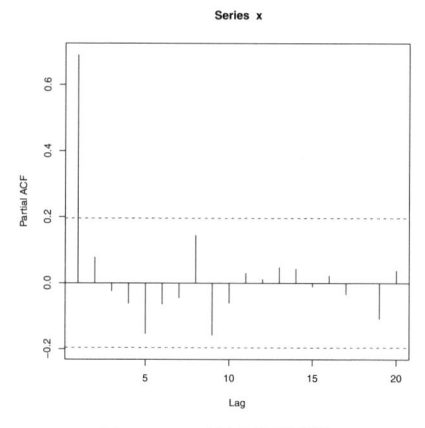

図 7.3 x の偏自己相関係数

(c) 次数を決める．関数 ar() を用いる[*7]．ar(z) で，オブジェクト z に対して AR モデルの次数を AIC を規準にして決めるという指示．デフォルトでは，Yule–Walker 方程式を用いて算出される．OLS や MLE などでも可能．

例として，method = "mle" として MLE を用いて計算している．結果は以下のとおりであり，AR(1) モデル ((7.10) 式) の ρ の推定値が 0.69

[*7] 後で述べる関数 auto.arima() でも同様のことができる．

となった.

```
arx <- ar(x, method="mle")
arx


Call:
ar(x = x, method = "mle")
Coefficients:
   1
0.69
Order selected 1  sigma^2 estimated as  0.957
```

(d) AIC を確認する．上記の分析で用いた AIC の値を調べる．arx$aic に AIC の値が保存されている．

例では，ラグが 1 のときが最も AIC の値が小さいことがわかる．ただし，次数の下に表示されている値は，AIC が最も低い次数で値を 0 として，その値と各モデルの AIC の値との差を示している．

```
arx$aic


         0         1         2         3
62.818248  0.000000  1.436274  3.286311
         4         5         6         7
 4.765022  4.025973  5.391480  7.000013
         8         9        10        11
 7.349821  6.028743  7.067985  9.061605
        12
11.059728
```

(e) すでにモデルの次数を決めていて係数を推定する場合は，関数 arima() などを用いる．R には arima() と同様な機能をもつ関数として，パッケージ stats の関数 arima0()，パッケージ tseries の関数 arma()，パッケージ forecast の関数 Arima() などがあるが定数項の扱い

7.4 R で AR(1) の分析

や，推定方法などが微妙に異なる．詳細は各関数のヘルプなどを参照のこと．本書ではパッケージ stats の関数 arima() を用いる．arima(x, order = c(1,0,0)) で ARIMA(1,0,0) つまり AR(1) モデルで x を分析するという指示．method = "CSS-ML" である手続き (CSS) で初期値を決めて，最尤法を用いるという指示．include.mean = FALSE で定数項（この場合は各項で平均を引かないという意味）がないモデルという指示．

例として，x が (7.10) 式に従うとして ρ の係数を推定する．係数は 0.6901 という結果となった．

```
arima(x, order = c(1,0,0), method = "CSS-ML",
 include.mean = FALSE)
```

```
Call: arima(x = x, order = c(1, 0, 0),
 include.mean = FALSE, method = "CSS-ML")
Coefficients:
         ar1
      0.6901
s.e.  0.0714
sigma^2 estimated as 0.957:  log likelihood = -140.02
AIC = 284.04   AICc = 284.16   BIC = 289.25
```

(f) Ljung–Box 検定．関数 Box.test() を用いる．arx$res に上で推定した結果の残差が保存されている．Box.test(z, type = "Ljung") で，オブジェクト z に対して Ljung–Box 検定を行うという指示．

例では，p 値が 0.6139 と「変数 u_t がホワイトノイズである」という帰無仮説を棄却できないという結果になった．つまり，x を AR(1) モデルで回帰した後の残差はホワイトノイズの可能性が少なからずあり，モデル選択は適切に行われたと考えることができる．

```
Box.test(arx$res, type = "Ljung")
```

```
        Box-Ljung test
data:  arx$res
X-squared = 0.2546, df = 1, p-value = 0.6139
```

7.5　RでARMA(p, q)の分析

この節では，ARMA(p, q)の例として，以下のようなARMA(3,2)モデルについてシミュレーションデータを用いて分析を行う．$t = 1, 2, \ldots, T$に対して

$$y_t = \phi_1 y_{t-1} + \phi_2 y_{t-2} + \phi_3 y_{t-3} + u_t + \theta_1 u_{t-1} + \theta_2 u_{t-2} \quad (7.11)$$

とする．

以下のシミュレーションでは$\phi_1 = 0.7, \phi_2 = -0.6, \phi_3 = 0.4, \theta_1 = 0.8, \theta_2 = 0.4$とする．

(a) ARMA(3,2)に従うデータをシミュレーションで作る．パッケージ**fArma**の関数 arima.sim() を用いる．arima.sim(n=N,list(ar=c(a, b,c), ma=c(d,e))) で，各係数が(7.11)式において$\phi_1 = a, \phi_2 = b, \phi_3 = c, \theta_1 = d, \theta_2 = e$であるようなARMA(3,2)モデルの乱数をN個生成するという指示．

例として(7.11)式に従う乱数を300個発生させ，はじめから100個を捨て残りの200個を分析に使う．

```
library(fArma)
set.seed(51)
y <- arima.sim(n=300,
    list(ar=c(0.7,-0.6,0.4), ma=c(0.8,0.4)))
y <- y[101:300]
```

(b) モデルを選択する．パッケージ **forecast** の関数 auto.arima() を用いる．auto.arima(x) でAIC（の値が最も小さいのが良いモデルであるという）規準で，一番良いモデルを出力するという指示．

例では ARIMA(3,0,2) つまり，ARMA(3,2)がAIC規準で一番良いモ

デルとして選ばれている

```
library(forecast)
auto.arima(y)
```

```
Series: y
ARIMA(3,0,2) with zero mean
Call: auto.arima(x = y)
Coefficients:
         ar1      ar2     ar3     ma1     ma2
      0.6289  -0.5098  0.3078  0.7975  0.3483
s.e.  0.2025   0.1650  0.1070  0.2062  0.1472
sigma^2 estimated as 0.8024:  log likelihood = -262.97
AIC = 537.94   AICc = 538.38   BIC = 557.73
```

(c) ARMA(3, 2) モデルの各係数の推定値を求める．ARMA モデルを分析する関数はいくつか用意されているが，本書ではパッケージ **fArma** の armaFit 関数を用いる．armaFit(~arma(p, q), include.mean =FALSE, data=xx) でデータ xx を用いて arma(p, q) モデルの推定を行うという指示．include.mean=FALSE で定数項（各項について平均を引くという意味）を考慮しないと指示．また，summary(armaFit の結果) では結果の要約だけでなく，分析後の残差に関するグラフも出力されるのでグラフの領域を先に指定．par(mfrow = c(a, b), cex = c) で a×b のグラフ領域を作り c 倍の倍率で表示するという指示．

結果，$\phi_1, \phi_2, \phi_3, \theta_1, \theta_2$ の推定値はそれぞれ 0.6289, -0.5098, 0.3078, 0.7975, 0.3483 となる．また，グラフは図 7.4 のとおりである．

```
fit = armaFit(~ arma(3, 2), include.mean=FALSE,
              data = y)
par(mfrow = c(2, 2), cex = 0.7)
summary(fit)
```

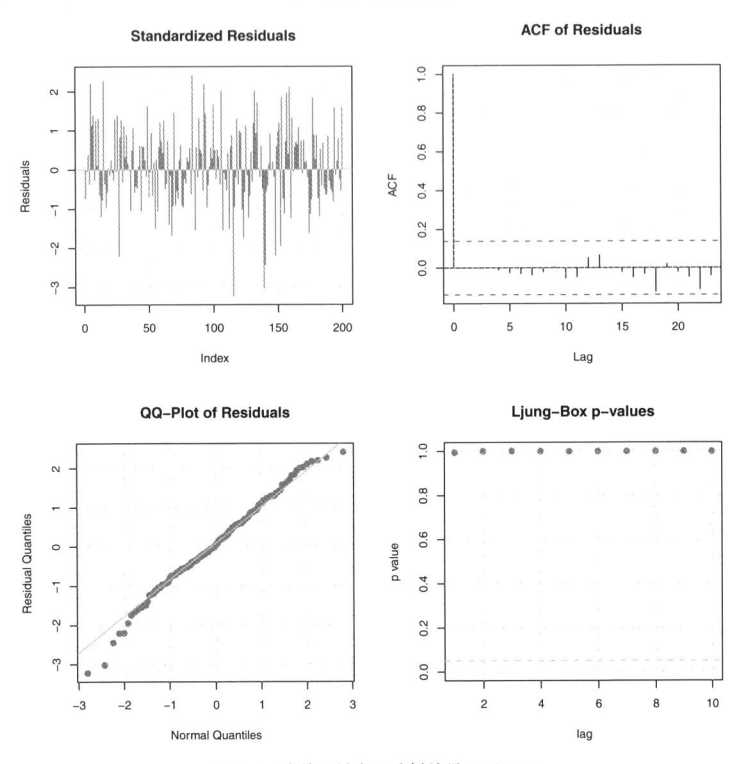

図 7.4 残差に対する分析結果のグラフ

```
Coefficient(s):
     Estimate  Std. Error  t value  Pr(>|t|)
ar1    0.6289      0.2025    3.105  0.001901 **
ar2   -0.5098      0.1650   -3.089  0.002005 **
ar3    0.3078      0.1070    2.877  0.004020 **
ma1    0.7975      0.2062    3.867  0.000110 ***
ma2    0.3483      0.1472    2.366  0.017998 *
---
Signif. codes:  0 '***' 0.001 '**' 0.01 '*' 0.05 '.' 0.1
  ' ' 1
sigma^2 estimated as: 0.8024
log likelihood:       -262.97
AIC Criterion:         537.94
```

(d) ARMA(3,2), ARMA(3,1), ARMA(2,2) の AIC を比較する. 先ほどと同様に ARMA(3,1), ARMA(2,2) モデルで推定を行い fit31, fit22 というオブジェクトに結果を保存する.
関数 armaFit() で分析された結果 result のなかの AIC は result@fit$aic として保存されている. 3 つのモデルの AIC の値を出力すると ARMA(3,2) の AIC が一番小さく AIC 規準では良いモデルという結果になった.

```
fit31 = armaFit(~ arma(3, 1),
                include.mean=FALSE, data = y)
fit22 = armaFit(~ arma(2, 2),
                include.mean=FALSE, data = y)
c(fit@fit$aic, fit31@fit$aic, fit22@fit$aic)
```

```
[1] 537.9435 540.5440 541.8585
```

8 ARCH と GARCH

通常の時系列モデルの場合，誤差項の分散が一定であるという仮定をおく．しかし，株価や為替などの時系列データではある時期に大きな価格の変動が続き，ある時期は変動が小さいというような傾向があることが知られている．このようなデータに対応するために，誤差項の分散が過去の誤差項の分散に影響を受けると仮定したモデル，**ARCH**（autoregressive conditional heteroskedasticity，自己回帰条件付き不均一分散）モデルと **GARCH**（generalized ARCH，一般化自己回帰条件付き不均一分散）モデルが提案されている．

8.1 ARCH

8.1.1 ARCH モデル

Engle (1982) は回帰モデルの誤差項の分散が条件付不均一であるモデルを提案した．線形回帰モデルの誤差項が以下のように表されるとき，このモデルを **ARCH(1)** モデルと呼ぶ．

$$y_t = \gamma_0 + \gamma_1 x_{1t} + \cdots + \gamma_k x_{kt} + u_t$$
$$u_t = \sigma_t \varepsilon_t$$
$$\sigma_t^2 = \alpha_0 + \alpha_1 u_{t-1}^2$$

ただし，ε_t は平均 0 で分散が 1 であるような i.i.d.（independent and identically distributed, 独立な同一分布）過程とする．

また，線形回帰モデルの誤差項が以下のように表されるとき，このモデルを **ARCH(q)** モデルと呼ぶ．

$$y_t = \gamma_0 + \gamma_1 x_{1t} + \cdots + \gamma_k x_{kt} + u_t \tag{8.1}$$

$$u_t = \sigma_t \varepsilon_t$$

$$\sigma_t^2 = \alpha_0 + \alpha_1 u_{t-1}^2 + \cdots + \alpha_q u_{t-q}^2 \tag{8.2}$$

ただし，$\{\varepsilon_t\}$ は平均が 0 で分散が 1 であるような i.i.d. 過程とする．

8.1.2 ARCH モデルの制約

ここでは，ARCH(1) モデルを例に ARCH モデルの制約について説明する．

$$u_t = \sigma_t \varepsilon_t$$

$$\sigma_t^2 = \alpha_0 + \alpha_1 u_{t-1}^2$$

ここで，σ^2 が負の値をとることをさけるため，$\alpha_0 > 0$ かつ $\alpha_1 \geq 0$ という制約をおく．

u_t の条件なし期待値は

$$\begin{aligned} \mathrm{E}[u_t] &= \mathrm{E}[\mathrm{E}[u_t|\mathcal{F}_{t-1}]] \\ &= \mathrm{E}[\sigma_t \mathrm{E}[\varepsilon_t]] \\ &= 0 \end{aligned}$$

となる．ただし，$\mathcal{F}_t$ は時点 t までのすべての情報を意味する．

u_t の条件付き分散は

$$\begin{aligned} \mathrm{Var}\,(u_t|\mathcal{F}_{t-1}) &= \mathrm{E}\left[u_t^2|\mathcal{F}_{t-1}\right] \\ &= \mathrm{E}\left[\varepsilon^2\right]\left(\alpha_0 + \alpha_1 u_{t-1}^2\right) \\ &= \alpha_0 + \alpha_1 u_{t-1}^2 \end{aligned}$$

と計算されるので，u_t は u_{t-1} に対して条件付き不均一分散になる．u_t の条件なし分散は

$$\operatorname{Var}(u_t) = \operatorname{Var}\left(\operatorname{E}[u_1|\mathcal{F}_{t-1}]\right) + \operatorname{E}[\operatorname{Var}(u_t|\mathcal{F}_{t-1})]$$
$$= \alpha_0 + \alpha_1 \operatorname{E}\left[u_{t-1}^2\right]$$
$$= \alpha_0 + \alpha_1 \operatorname{Var}(u_{t-1}) \tag{8.3}$$

となる．

ARCH(1) の u_t^2 が弱定常であるならば，$\operatorname{Var}(u_t) = \operatorname{Var}(u_{t-1})$ である (8.3) 式は $\operatorname{Var}(u_t) = \alpha_0 + \alpha_1 \operatorname{Var}(u_t)$ となるから

$$\operatorname{Var}(u_t) = \frac{\alpha_0}{1 - \alpha_1} \tag{8.4}$$

と書ける．分散は正でなければならないので $\alpha_1 < 1$ という制約が必要となる．

同様の考え方で ARCH(q) モデルも

$$\alpha_i > 0 \quad (i = 0, 1, 2, \ldots, q)$$
$$\alpha_1 + \alpha_2 + \cdots + \alpha_q < 1$$

という制約をおくことで条件を満たすことができる．詳細は Davidson and MacKinnon (2004, Section 13.6) などを参照されたい．

8.1.3 ARCH の検定

u_t が (8.2) 式の ARCH(q) モデルに従っているかどうかを調べるためには，LM 検定を行う必要がある[*1)．帰無仮説 H_0 と対立仮説 H_1 は以下のとおりである．

$$H_0 : \alpha_1 = \alpha_2 = \cdots = \alpha_q = 0$$
$$H_1 : \alpha_1, \alpha_2, \ldots, \alpha_q \text{で} 0 \text{ではないものがある}$$

検定の手続きは以下のとおりである．
(a) $t = 1, 2, \ldots, T$ において観測値を用いて (8.1) 式を OLS 推定し，残差 $\hat{u}_t$ を得る．ただし，T はサンプルサイズとする．

[*1) LM 検定に関しては A.3 節を参照されたい．

(b) $t = q+1, q+2, \ldots, T$ において，以下の式を OLS 推定する．

$$\hat{u}_t^2 = \alpha_0 + \alpha_1 \hat{u}_{t-1}^2 + \cdots + \alpha_q \hat{u}_{t-q}^2 + \varepsilon_t$$

(c) (b) の結果から得られた決定係数を R^2 とすると，TR^2 は帰無仮説の下で自由度 q の χ^2 分布に漸近的に従うことが知られている．よって，TR^2 に関して χ^2 検定を行えばよい．

8.1.4 ARCH モデルの推定方法

(8.1) 式を回帰モデルとし，ε_t が i.i.d. で $N(0,1)$ である場合の ARCH(q) モデルのパラメーター推定方法について解説する．いくつかの推定方法が提案されているが，ここでは最尤法について解説する．本項の内容は Hamilton (1994, Chapter 21) によっている．$t = -q+1, -q+2, \ldots, 0$ における q 個の観測値が与えられたとして，$t = 1, 2, \ldots, T$ までの観測値を用いて推定を行う．z_t を $y_t, y_{t-1}, \ldots, y_{-q+1}, \boldsymbol{x}_t, \boldsymbol{x}_{t-1}, \ldots, \boldsymbol{x}_{-q+1}$ からなるベクトルとする．ただし，$\boldsymbol{x}_t = (1, x_{1t}, x_{2t}, \ldots, x_{qt})'$ とする．

このとき，y_t の条件付き確率密度関数は

$$f(y_t | \boldsymbol{x}_t', \boldsymbol{z}_{t-1}) = \frac{1}{\sqrt{2\pi h_t}} \exp \left\{ \frac{-(y_t - \boldsymbol{x}_t' \boldsymbol{\gamma})^2}{2 u_t} \right\} \qquad (8.5)$$

ただし，$\boldsymbol{\gamma} = (\gamma_0, \gamma_1, \gamma_2, \ldots, \gamma_q)'$ で，

$$u_t = \alpha_0 + \alpha_1 (y_{t-1} - \boldsymbol{x}_{t-1}' \boldsymbol{\gamma})^2 + \alpha_2 (y_{t-2} - \boldsymbol{x}_{t-2}' \boldsymbol{\gamma})^2 + \cdots$$
$$+ \alpha_q (y_{t-q} - \boldsymbol{x}_{t-q}' \boldsymbol{\gamma})^2$$

である．このとき，未知パラメーターベクトルを $\boldsymbol{\theta} = (\boldsymbol{\gamma}', \alpha_0, \alpha_1, \ldots, \alpha_q)'$ とすると，最初の q 個の観測値を所与としたときの対数尤度は

$$L(\boldsymbol{\theta}) = \sum_{t=1}^T \ln f(y_t | \boldsymbol{x}_t, \boldsymbol{z}_{t-1}; \boldsymbol{\theta})$$
$$= -\frac{1}{2} \left(T \ln(2\pi) + \sum_{t=1}^T \ln u_t + \sum_{t=1}^T \frac{(y_t - \boldsymbol{x}_t' \boldsymbol{\gamma})^2}{u_t} \right)$$

となる．これを最大にするパラメーターを求めればよい．

最尤法以外の推定方法や ε_t が正規分布に従わない場合の推定方法については，たとえば Tsay (2005, Chapter 3) や Hamilton (1994, Chapter 21) を参照せよ．

8.2　GARCH

8.2.1　GARCH モデル

ARCH モデルは，次数が多くなると，推定するパラメーターの数と制約の数が多くなるという欠点がある．このような欠点を克服するために，Bollerslev (1986) は ARCH モデルを拡張し，GARCH モデルを提案した．回帰モデルの誤差項 u_t が以下のように表されるとき，GARCH(p,q) モデルに従うという．

$$u_t = \sigma_t \varepsilon_t$$
$$\sigma_t^2 = \alpha_0 + \sum_{i=1}^{q} \alpha_i u_{t-i}^2 + \sum_{j=1}^{p} \beta_j \sigma_{t-j}^2 \tag{8.6}$$

ただし $\{\varepsilon_t\}$ は平均 0，分散 1 の i.i.d. 過程とする．

GARCH(p,q) モデルでは，u_t^2 が ARMA(r,p) の形式で書けることが知られている．ただし，$r = \max(p,q)$ である．実際に，$\eta_t = u_t^2 - \sigma_t^2$ とすると (8.6) 式は

$$u_t^2 = \alpha_0 + \sum_{i=1}^{\max(p,q)} (\alpha_i + \beta_i) u_{t-i}^2 + \eta_t - \sum_{j=1}^{p} \beta_j \eta_{t-j}$$

と書ける．ただし，$\{\eta_t\}$ はマルチンゲールディファレンス（$E[\eta_t] = 0$ かつ $\text{Cov}(\eta_t, \eta_{t-j}) = 0, j \geq 1$）となるが，一般に i.i.d. 過程にはならない．詳細はたとえば Hamilton (1994, Chapter 21)，田中 (2006, 第 6 章) あるいは Tsay (2005, Section 3.5) などを参照されたい．

また，GARCH$(0,q)$ モデルは ARCH(q) となる．高次の ARCH モデルはよりパラメーターの少ない GARCH モデルで表現することができ，後者の方が識別や推定も容易である．

8.2.2 制約

GARCH モデルには符号制約と定常性の制約が存在する.

符号制約とは，(8.6) 式の左辺が正であるための制約で，$i = 1, 2, \ldots, p$ に対してパラメーターが $\alpha_0 > 0, \alpha_i \geq 0, \beta_i \geq 0$ のとき満たされる.

定常性の制約とは u_t^2 が定常であるための制約で，η_t が有限の分散をもち，以下の特性方程式のすべての解が単位円の外にあるという条件の下で u_t^2 は弱定常となる.

$$1 - (\alpha_1 + \beta_1) z - (\alpha_2 + \beta_2) z^2 - \cdots - (\alpha_r + \beta_r) z^r = 0$$

ただし，$r = \max(p, q)$ である. 非負制約と合わせると定常性の制約は

$$(\alpha_1 + \beta_1) + (\alpha_2 + \beta_2) + \cdots + (\alpha_r + \beta_r) < 1$$

と書ける. このとき，u_t^2 の条件なし平均は

$$\mathrm{E}\left[u_t^2\right] = \frac{\alpha_0}{1 - \sum_{i=1}^{r} (\alpha_i + \beta_i)}$$

となる.

8.2.3 GARCH の推定方法

8.1.4 項とほぼ同様の方法でできるので省略する. また，2 段階推定方法も提案されている. 推定に関する詳細は Bollerslev (1986), Greene (2007, Chapter 19), Tsay (2005, Chapter 3) などを参照されたい.

8.2.4 ARCH と GARCH の長所と短所

ARCH モデルも GARCH モデルも q 期前までの誤差項の変動が今期の誤差項の変動を表す. また，ARCH モデルも GARCH モデルも分布の裾が正規分布よりも厚くなることが知られている. これらは株価や為替といった金融時系列データと変動と整合的である. しかし，両モデルともに，正のショックと負のショックは同じ影響を与える. この点は過去の金融時系列データと整合的ではない.

ARCHモデルは次数が多くなる傾向があり，それに伴いパラメーターの制約も増える．しかし，GARCHモデルはARCHモデルに比べて，より少ないパラメーターでより多くの変動を表すことができ，このことによりパラメーター制約の数も少なくて済むという利点がある．

8.3　RでGARCH

GARCHモデルの実証分析を行うために，Greene (2007, Chapter 19) など多くの文献で用いられている有名なデータを用いる．1984年1月3日～1991年12月31までのドイツマルクとイギリスポンドの為替レートの日次データである．変数は表8.1のとおりである．サンプルサイズは1974である．

この節では，まずRで以下のようなARCH(6)モデルの実証分析を行う．

$$y_t = \mu + u_t$$
$$\mathrm{E}[u_t|t_{t-1}] = 0 \qquad (8.7)$$
$$\mathrm{Var}\,(u_t|t_{t-1}) = \sigma_t^2 = \omega + \alpha_1 u_{t-1}^2 + \alpha_2 u_{t-2}^2 + \cdots + \alpha_6 u_{t-6}^2$$

次に，以下のようなGARCH(1,1)モデルの実証分析を行う．

$$y_t = \mu + u_t$$
$$\mathrm{E}[u_t|t_{t-1}] = 0 \qquad (8.8)$$
$$\mathrm{Var}\,(u_t|t_{t-1}) = \sigma_t^2 = \omega + \alpha_1 u_{t-1}^2 + \beta_1 \sigma_{t-1}^2$$

(a) データを読み込む．パッケージ **fGarch** のなかに含まれるデータセット dem2gdp を用いる．

```
library(fGarch)
data("dem2gbp")
```

表 8.1　変数

変数名	意味
dem2gbp	為替レート（ドイツマルク/イギリスポンド）

8.3 R で GARCH

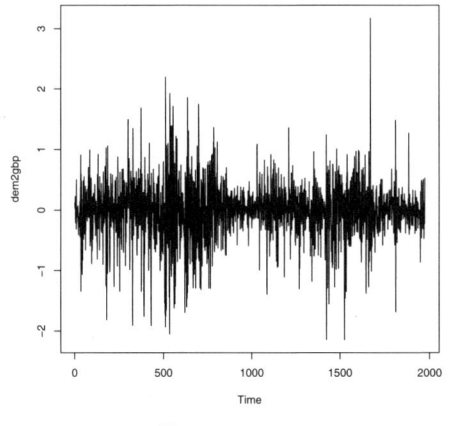

図 8.1 dem2gbp

(b) グラフを描く．関数 ts.plot() を用いる．ts.plot(x) でデータセット x について横軸を時間，縦軸を観測値とする線グラフを描くという指示．結果は図 8.1 のとおりである．

```
ts.plot(dem2gbp)
```

(c) パッケージ **FinTS** の関数 ArchTest() を用いる．ArchTest(x, lags=q, demean = TRUE) でラグが q であるような ARCH モデルに，x が従っているかどうかを検定するという指示．demean = TRUE で検定を行う前に平均を取り除くという指示．例として dem2gbp が ARCH(6) モデルに従っているかどうか検定を行う．検定の結果 p 値が非常に小さく，ARCH(6) モデルに従っていないという帰無仮説は棄却された．

```
library("FinTS")
ArchTest(dem2gbp, lags=6, demean = TRUE)


ARCH LM-test; Null hypothesis: no ARCH effects
data:  dem2gbp
Chi-squared = 182.2716, df = 6, p-value < 2.2e-16
```

(d) dem2gbp に対して ARCH(q) モデルでパラメーター推定を行う．パッケージ **fGarch** の関数 garchFit() を用いる．garchFit(formula = ~garch(q,p),data= x, include.mean= TRUE) でデータ x に対して定数項付きの GARCH(p, q) モデルで推定を行うという指示[*2)]．例では ARCH(6) モデルを推定するので garch(6, 0) とした．trace= FALSE は計算途中を出力しないというオプションである．

推定結果の mu, omega, alpha1,...,alpha6 はそれぞれ (8.8) 式で $\mu, \omega, \alpha_1, \ldots, \alpha_6$ を意味する．また，標準化された残差に対していくつかの検定を行った結果が出力されている．Jarque–Bera test と Shapiro–Wilk test はいずれも変数が正規分布に従うという帰無仮説を検定する．今回の分析ではいずれも p 値がほぼ 0 で，正規化された正規分布に従うという帰無仮説を棄却する．同様にして，標準化された残差に対して Ljung–Box 検定や Arch に関する LM 検定を行っている．今回の分析では，いずれも有意水準 5% で帰無仮説を棄却できず，標準化された残差に自己相関や ARCH 構造が存在するという結論となった．

```
ARCH <- garchFit(formula = ~ garch(6, 0),
        data = dem2gbp, trace = FALSE,
        include.mean =TRUE)
summary(ARCH)
```

```
Error Analysis:
        Estimate  Std. Error  t value Pr(>|t|)
mu     -0.001713    0.008678   -0.197  0.84352
omega   0.075932    0.006467   11.741  < 2e-16 ***
alpha1  0.244808    0.034594    7.077 1.48e-12 ***
alpha2  0.148099    0.033593    4.409 1.04e-05 ***
alpha3  0.074698    0.026475    2.821  0.00478 **
alpha4  0.082886    0.027702    2.992  0.00277 **
alpha5  0.111844    0.028335    3.947 7.91e-05 ***
alpha6  0.041145    0.019618    2.097  0.03597 *
```

[*2)] R のコマンドの p と q の順番に注意．

```
---
Signif. codes:  0 '***' 0.001 '**' 0.01 '*' 0.05 '.' 0.1 ' '
1
Log Likelihood:
 -1115.472    normalized:  -0.5650822
Standardised Residuals Tests:
                             Statistic p-Value
 Jarque-Bera Test   R    Chi^2  848.3395  0
 Shapiro-Wilk Test  R    W      0.966001  0
 Ljung-Box Test     R    Q(10)  9.823642  0.4560998
 Ljung-Box Test     R    Q(15)  17.02391  0.3174369
 Ljung-Box Test     R    Q(20)  19.02202  0.5203952
 Ljung-Box Test     R^2  Q(10)  7.967343  0.632027
 Ljung-Box Test     R^2  Q(15)  16.40188  0.3558567
 Ljung-Box Test     R^2  Q(20)  18.76116  0.5373959
 LM Arch Test       R    TR^2   7.689164  0.8089251
Information Criterion Statistics:
     AIC      BIC      SIC      HQIC
 1.138270 1.160915 1.138237 1.146590
```

(e) dem2gbp に対して GARCH(1,1) モデルでパラメーター推定を行う．ARCH のときと同様に行う．例では GARCH(1,1) モデルを推定するので garch(1, 1) とした．

推定結果の mu, omega, alpha1, beta1 はそれぞれ (8.8) 式で $\mu, \omega, \alpha_1, \beta_1$ を意味する．標準化された残差の検定の見方は ARCH の場合と同様である．

```
GARCH <- garchFit(formula = ~ garch(1, 1),
        data = dem2gbp,
        trace = FALSE, include.mean = TRUE)
summary(GARCH)
```

```
Error Analysis:
         Estimate  Std. Error  t value Pr(>|t|)
 mu     -0.006190    0.008462   -0.732 0.464447
```

```
omega    0.010761    0.002838    3.793 0.000149 ***
alpha1   0.153134    0.026422    5.796 6.8e-09 ***
beta1    0.805974    0.033381   24.144  < 2e-16 ***
---
Signif. codes:  0 '***' 0.001 '**' 0.01 '*' 0.05 '.' 0.1
' ' 1


Log Likelihood:
 -1106.608    normalized:  -0.5605916

Standardised Residuals Tests:
                            Statistic p-Value
 Jarque-Bera Test   R   Chi^2   1059.851  0
 Shapiro-Wilk Test  R   W       0.9622817 0
 Ljung-Box Test     R   Q(10)   10.12141  0.4299066
 Ljung-Box Test     R   Q(15)   17.04349  0.3162711
 Ljung-Box Test     R   Q(20)   19.29764  0.5025619
 Ljung-Box Test     R^2 Q(10)   9.062556  0.5261773
 Ljung-Box Test     R^2 Q(15)   16.07769  0.3769072
 Ljung-Box Test     R^2 Q(20)   17.50715  0.6198388
 LM Arch Test       R   TR^2    9.771217  0.6360238

Information Criterion Statistics:
     AIC      BIC      SIC     HQIC
 1.125236 1.136559 1.125228 1.129396
```

9 多変量時系列

第7章では1変量時系列について述べてきた．経済学では複数の変数が互いに影響を与え合うと考えられているため，複数の変数を用いて分析を行いたい場合が多い．この章では，AR モデルを多変量の場合に拡張にした VAR（vector autoregressive, ベクトル自己回帰）モデルを説明し，VAR モデルを用いた2つの手法（Granger の因果性検定，インパルス応答関数の推定）を解説する．非定常 VAR モデルは共和分検定のフレームワークとしても用いられる．

9.1 多変量確率過程とベクトル自己回帰モデル

9.1.1 多変量確率過程

m 個の確率変数を要素としてもつベクトルを $\bm{y}_t = (y_{1t}, \ldots, y_{mt})'$ で表す．m 変量確率ベクトルの列

$$\{\bm{y}_t\}_{-\infty < t < \infty} = \{\ldots, \bm{y}_{-1}, \bm{y}_0, \bm{y}_1, \ldots,\}$$

を多変量確率過程という．多変量確率過程 $\{\bm{y}_t\}$ を特徴づける基本的な量は，平均ベクトル $\mathrm{E}[\bm{y}_t]$ と自己共分散行列 $\mathrm{Cov}(\bm{y}_t, \bm{y}_{t+h})$ である．ただし

$$\mathrm{Cov}(\bm{y}_t, \bm{y}_{t+h}) = \mathrm{E}[(\bm{y}_t - \mathrm{E}[\bm{y}_t])(\bm{y}_{t+h} - \mathrm{E}[\bm{y}_{t+h}])']$$

で定義される．平均ベクトルが t に依存せず，自己共分散行列も h にのみ依存し時点 t には依存しないとき，多変量確率過程 $\{\bm{y}_t\}$ は定常であるという．

9.1.2 ベクトル自己回帰モデル

AR モデルは 1 変量確率過程の時系列モデルであった．ベクトル自己回帰モデル（VAR モデル）とは，多変量確率過程の時系列モデルである．たとえば 2 変数の VAR(p) モデルは以下のようになる．

$$x_t = \mu_{10} + \alpha_1 x_{t-1} + \cdots + \alpha_p x_{t-p} + \beta_1 y_{t-1} + \cdots + \beta_p y_{t-p} + u_{1t}$$

$$y_t = \mu_{20} + \gamma_1 x_{t-1} + \cdots + \gamma_p x_{t-p} + \delta_1 y_{t-1} + \cdots + \delta_p y_{t-p} + u_{2t}$$

ただし $\{u_{1t}\}$, $\{u_{2t}\}$ はそれぞれホワイトノイズである．つまり，AR モデルは自分自身の過去の値に依存するモデルであり，VAR モデルは自分自身とモデルに含まれるその他の変数の過去の値に依存するモデルである．たとえば GDP について AR モデルで分析する場合は，GDP の過去の値のみを使って変化を分析することしかできない．しかし，VAR モデルであれば，たとえば，GDP とマネーサプライの過去の値を使ってそれぞれの関係を分析することが可能となる．

まず $\boldsymbol{y}_t = (y_{1t}, \ldots, y_{mt})'$ を m 個の変数の時点 t における値とする．このとき，m 変量の p 次ベクトル自己回帰モデルは以下のように定義される．

$$\boldsymbol{y}_t = \boldsymbol{\mu} + \boldsymbol{\Phi}_1 \boldsymbol{y}_{t-1} + \cdots + \boldsymbol{\Phi}_p \boldsymbol{y}_{t-p} + \boldsymbol{u}_t \tag{9.1}$$

ただし $\boldsymbol{\mu}$ は $m \times 1$ の定数ベクトル，$\boldsymbol{\Phi}_i (i = 1, \ldots, p)$ は $m \times m$ のパラメータ行列，$\boldsymbol{u}_t$ は $m \times 1$ の誤差項ベクトルで，以下の性質をもつとする．$\{\boldsymbol{u}_t\}$ は i.i.d である．

$$\mathrm{E}[\boldsymbol{u}_t] = \boldsymbol{0}$$

$$\mathrm{E}[\boldsymbol{u}_t \boldsymbol{u}_t'] = \boldsymbol{\Sigma}$$

ここで，$\boldsymbol{0}$ は $m \times 1$ のゼロベクトル，$\boldsymbol{\Sigma}$ は $m \times m$ の非対角行列とする．m 変量の p 次ベクトル自己回帰モデルを VAR(p) モデルと書く．VAR(p) モデルの定常性の条件は以下であることが知られている．

---- **VAR(p) モデルの定常性** ----

m 変量 VAR(p) モデル (9.1) は，特性方程式

$$\Phi(x) = |\boldsymbol{I}_m - \boldsymbol{\Phi}_1 x - \cdots - \boldsymbol{\Phi}_p x^p| = 0 \qquad (9.2)$$

の根（複素数）の絶対値がすべて 1 より大きければ定常である．

ただし | | は行列式である．

9.1.3 Granger の因果性検定

Granger の因果性 (Granger causality) とは，ある変数 y の過去の値が他の変数 x に影響を与えるかどうかという時間差を伴った統計的な関係をいう．2つの確率過程 $\{x_t\}, \{y_t\}$ に対して，$\sigma^2(x_t|x_{t-1}, x_{t-2}, \ldots)$ は，x_t の $x_{t-1}, x_{t-2}, \ldots$ による（平均2乗誤差を最小にする）最適予測量の平均2乗誤差を意味するものとする．このとき以下のように定義する．

定義 9.1（Granger 因果性）

$$\sigma^2(x_t|x_{t-1}, x_{t-2}, \ldots; y_{t-1}, y_{t-2}, \ldots) < \sigma^2(x_t|x_{t-1}, x_{t-2}, \ldots)$$

が成り立つとき，Granger の意味で $\{y_t\}$ から $\{x_t\}$ への因果性があるという．

$$\sigma^2(x_t|x_{t-1}, x_{t-2}, \ldots; y_{t-1}, y_{t-2}, \ldots) = \sigma^2(x_t|x_{t-1}, x_{t-2}, \ldots)$$

が成り立つとき，Granger の意味で $\{y_t\}$ から $\{x_t\}$ への因果性がないという．

すなわち，Granger の意味での因果性とは，y_t の過去の値を追加的に加えることによって今期の値 x_t の予測精度を高めることができることを意味する．

Granger の因果性検定はたとえば，過去の失業率が，今期の GDP に影響を与えるかどうかを調べたいときなどに用いられる．$\boldsymbol{u}_t \sim N(\boldsymbol{0}, \boldsymbol{\Sigma})$ を仮定する．2 変量 VAR(p) モデル

$$x_t = \mu_{10} + \alpha_1 x_{t-1} + \cdots + \alpha_p x_{t-p} + \beta_1 y_{t-1} + \cdots + \beta_p y_{t-p} + u_{1t}$$
$$y_t = \mu_{20} + \gamma_1 x_{t-1} + \cdots + \gamma_p x_{t-p} + \delta_1 y_{t-1} + \cdots + \delta_p y_{t-p} + u_{2t}$$

を考えたとき，もし $\beta_1 = \beta_2 = \cdots = \beta_p = 0$ ならば，$y_{t-1}, y_{t-2}, \ldots, y_{t-p}$ は x_t に影響を与えないことがわかる．したがって，このときの Granger の因果性検定の帰無仮説 H_0 と対立仮説 H_1 は以下のようになる．

$H_0 : \beta_1 = \beta_2 = \cdots = \beta_p = 0$（Granger の因果性がない）

$H_1 :$ いずれかの $k(=1,2,\cdots,p)$ について $\beta_k \neq 0$（Granger の因果性がある）

この検定には通常 F 検定を用いる．これが **Granger 因果性の検定** (Granger causality test) である．検定を行った結果，帰無仮説 H_0 が棄却された場合は Granger の因果性が存在すると結論できる．

y と x の当期の変数間の因果関係は，**Granger の瞬時的因果性** (Granger instantaneous causality) として定義される．

定義 9.2（Granger 瞬時的因果性）

$$\sigma^2(x_t|x_{t-1}, x_{t-2}, \ldots; y_t, y_{t-1}, y_{t-2}, \ldots) < \sigma^2(x_t|x_{t-1}, x_{t-2}, \ldots; y_{t-1}, y_{t-2}, \ldots)$$

が成り立つとき，Granger の意味で $\{y_t\}$ から $\{x_t\}$ への瞬時的因果性があるという．

$$\sigma^2(x_t|x_{t-1}, x_{t-2}, \ldots; y_t, y_{t-1}, y_{t-2}, \ldots) = \sigma^2(x_t|x_{t-1}, x_{t-2}, \ldots; y_{t-1}, y_{t-2}, \ldots)$$

が成り立つとき，Granger の意味で $\{y_t\}$ から $\{x_t\}$ への瞬時的因果性がないという．

2 変量 VAR モデルにおいては，Granger 瞬時的因果性がないことの必要十分条件は，$\mathrm{Cov}(u_{1t}, u_{2t}) = 0$ であることが知られている．

9.1.4 インパルス応答関数

インパルス応答関数とはある変数に衝撃（インパルス）が与えられた場合に，他の変数がどのように反応するかを表す関数のことである．たとえば，マネタリーポリシーにショックがあったときに，実質 GDP はこれから数期先にどのように変化していくのかを調べたいときに用いる．VAR(p) モデル (9.1) に従う多変量確率過程に対して，ある一時点で i 番目の変数の誤差項として 1 が与え

られ，他の変数の誤差項として 0 が与えられたとする．また，次の時点以降の誤差項はすべて 0 とする．このようなショックをインパルスとよぶ．インパルスを与えた後のそれぞれの変数の変化分を，インパルスを与えてからの時間順に並べたものはインパルス応答関数 (impulse response function) と呼ばれる．

VAR(p) モデルにおけるインパルス応答関数は以下のように求められる．定常な AR(p) モデルが MA(∞) に変形できるように，定常な VAR(p) モデルは VMA(∞)（vector moving average：ベクトル移動平均）モデルに変形できることが知られている．

つまり，定常な VAR(p) モデルは

$$\boldsymbol{y}_t = \boldsymbol{c} + \boldsymbol{u}_t + \boldsymbol{\Psi}_1 \boldsymbol{u}_{t-1} + \boldsymbol{\Psi}_2 \boldsymbol{u}_{t-2} + \cdots$$

と表すことができる．このとき，$\boldsymbol{\Psi}_s$ の (i,j) 要素 $[\boldsymbol{\Psi}_s]_{i,j}$ は，他のすべての時点で誤差項が変化せず，u_{jt} だけが 1 単位増加した場合に $y_{i,t+s}$ に与える影響を表す．これは変数 y_{jt} が 1 単位増加したときの，$y_{i,t+s}$ の変化である．したがって

$$[\boldsymbol{\Psi}_0]_{i,j}, [\boldsymbol{\Psi}_1]_{i,j}, [\boldsymbol{\Psi}_2]_{i,j}, \ldots$$

がインパルス応答関数である．

9.2　R でベクトル自己回帰モデル

この節では，Tsay (2005, Chapter 8) で分析された米国の株価指数 S&P500 と IBM の対数収益率のデータを用いて，R でベクトル自己回帰モデルに関連する分析を行う．分析に用いるデータは表 9.1 のとおりである．

(a) データを読み込む．パッケージ **FinTS** のなかのデータセット m.ibmspln を用いる．関数 data() でパッケージなどに含まれるデータセットを読

表 9.1　変数

変数名	意味
SP	S&P500 の対数収益率（m.ibmspln の 1 列目）
IBM	IBM の対数収益率（m.ibmspln の 2 列目）

み込むという指示.

```
library(FinTS)
data(m.ibmspln)
```

(b) ibm, sp に関して単位根検定を行う. パッケージ **fUnitRoots** の関数 unitrootTest() を用いる. 単位根検定に関する詳細は第 10 章を参照されたい. m.ibmspln は zooreg (データに時間の情報がついている) 形式であるので, 関数 unitrootTest() を使うために関数 as.vector() でベクトル形式に変換する必要がある. m.ibmspln の 1 列目, 2 列目がそれぞれ S&P500 と IBM の対数収益率であるので, ベクトル形式に変換しそれぞれ ibm, sp というオブジェクトに代入する.

分析の結果, p 値が 1%未満であるので ibm, sp ともに帰無仮説を棄却し, 定常な過程であると結論できる.

```
library(fUnitRoots)
ibm <- as.vector(m.ibmspln[,1])
sp  <- as.vector(m.ibmspln[,2])
unitrootTest(ibm, type = "c", lags=1)
unitrootTest(sp, type = "c", lags=1)
```

```
Test Results: %IBM の結果
  PARAMETER:
    Lag Order: 1
  STATISTIC:
    DF: -19.9875
  P VALUE:
    t: < 2.2e-16
    n: 0.01133


Test Results: %S&P500 の結果
  PARAMETER:
```

```
    Lag Order: 1
    STATISTIC:
    DF: -20.6293
    P VALUE:
    t: < 2.2e-16
    n: 0.009648
```

(c) VAR(p) モデルの次数を決定する．パッケージ **vars** の関数 VARselect() を用いる．VARselect(x, type="const") で zooreg 形式のオブジェクト x に対して，定数項のあるモデルで，ラグを変化させて情報量規準などを求めるという指示．lag.max = k で次数を比較するときの次数の最大値を k にするという指定．type を "trend", "both", "none" にすればそれぞれトレンドがあるモデル，定数項とトレンドがあるモデル，定数項もトレンドもないモデルという指定．

分析の結果（各規準の名前の下に最適な次数が表示される），AIC 規準では三次，SC（BIC）基準では一次が最適となった．

```
VARselect(m.ibmspln, lag.max = 5, type="const")


$selection
AIC(n)  HQ(n)  SC(n) FPE(n)
    3      1      1      3
$criteria
                 1           2           3           4           5
AIC(n)    6.760111    6.758874    6.753468    6.755548    6.753548
HQ(n)     6.772538    6.779587    6.782466    6.792831    6.799116
SC(n)     6.792614    6.813046    6.829308    6.853057    6.872725
FPE(n) 862.737822 861.671992 857.026761 858.811796 857.096638
```

(d) IBM, SP に関して VAR(1) モデルの推定を行う[*1]．パッケージ **vars** の関数 VAR() を用いる．

VAR(x, p = k, type = "const") で x に関して定数項がついた

[*1] m.ibmspln に含まれる変数は大文字の IBM と SP である．

VAR(k) モデルで推定を行うという指示. type のオプションに関しては関数 VARselect() と同じである.

分析の結果, 回帰式は以下のようになった. ただし, 両式とも有意水準10%でも IBM$_{t-1}$ の係数は有意にならない. (9.4) 式の SP$_{t-1}$ の係数は有意水準 5%では有意にならず, 有意水準 10%で有意になる.

$$\text{IBM}_t = 1.163 + 0.019 \text{IBM}_{t-1} + 0.106 \text{SP}_{t-1} \tag{9.3}$$

$$\text{SP}_t = 0.499 - 0.005 \text{IBM}_{t-1} + 0.08 \text{SP}_{t-1} \tag{9.4}$$

```
library(vars)
var1 <- VAR(m.ibmspln, p = 1, type = "const")
summary(var1)
```

```
Estimation results for equation IBM:
====================================
IBM = IBM.l1 + SP.l1 + const
        Estimate Std. Error t value Pr(>|t|)
IBM.l1   0.01919    0.04334   0.443   0.6579
SP.l1    0.10616    0.05167   2.054   0.0402 *
const    1.16265    0.22897   5.078 4.66e-07 ***
---
Residual standard error: 6.704 on 884 degrees of freedom
Multiple R-Squared: 0.01047,  Adjusted R-squared: 0.008226
F-statistic: 4.675 on 2 and 884 DF,  p-value: 0.009562

Estimation results for equation SP:
====================================
SP = IBM.l1 + SP.l1 + const
        Estimate Std. Error t value Pr(>|t|)
IBM.l1 -0.005419   0.036441  -0.149  0.88183
SP.l1   0.080189   0.043453   1.845  0.06531 .
const   0.499350   0.192541   2.593  0.00966 **
---
```

```
Residual standard error: 5.638 on 884 degrees of freedom
Multiple R-Squared: 0.005809, Adjusted R-squared: 0.003559
F-statistic: 2.582 on 2 and 884 DF,  p-value: 0.07616
```

(e) ある時点での SP の変動が，将来の SP と IBM にどのように影響を及ぼすかを調べるためインパルス応答関数を描く．関数 irf() を用いる．irf(x,impulse="a",response=c("a","b")),n.head=p) で，データセット x の変数 a が変化した際の変数 a, b への影響（インパルス応答）を計算するという指示．boot = TRUE はブーストラップ法を用いて信頼区間を計算するというオプション．結果を ip というオブジェクトに代入し plot でグラフを描く．

分析結果は図 9.1 のとおりである．実線がインパルス応答関数，破線が信頼区間を表している．

```
ip <- irf(var1, impulse = c("SP"),
```

Orthogonal Impulse Response from SP

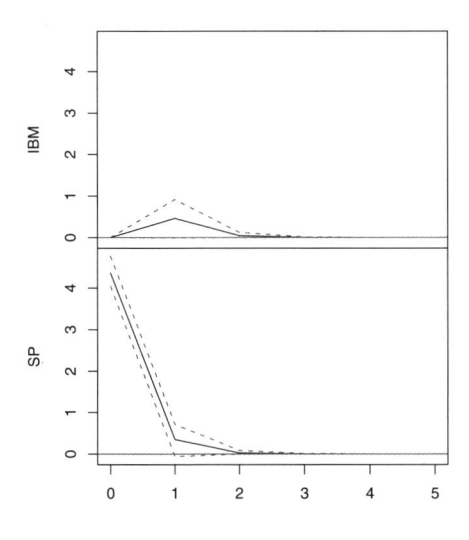

95 % Bootstrap CI, 100 runs

図 **9.1** インパルス反応

```
            response = c("IBM","SP"),
            n.ahead = 5, boot = TRUE)
plot(ip)
```

(f) SP と IBM に関して Granger の因果性検定を行う．パッケージ **vars** の関数 causality() を用いる．causality(v, cause = "a") で VAR の分析結果 v の変数 a に関して Granger の因果性検定を行うという指示．分析の結果，SP に関しては p 値が 0.04009 であり，有意水準 5% で帰無仮説が棄却されるので Granger の因果性が存在し，IBM に関しては p 値が 0.8818 であり，帰無仮説を棄却できないので Granger の因果性が存在しないという結論になった．また，瞬時的因果性 (instantaneous causality) に関しては SP, IBM ともに p 値が非常に小さいので，有意水準 1% で帰無仮説を棄却し瞬時的因果性が存在するという結論となった．

```
causality(var1, cause = "SP")
causality(var1, cause = "IBM")



$Granger
     Granger causality H0: SP do not Granger-cause IBM
data:  VAR object var1
F-Test = 4.2205, df1 = 1, df2 = 1768, p-value = 0.04009

$Instant
     H0: No instantaneous causality between: SP and IBM
data:  VAR object var1
Chi-squared = 253.9428, df = 1, p-value < 2.2e-16


$Granger
     Granger causality H0: IBM do not Granger-cause SP
data:  VAR object var1
F-Test = 0.0221, df1 = 1, df2 = 1768, p-value = 0.8818
```

```
$Instant
    H0: No instantaneous causality between: IBM and SP
data:  VAR object var1
Chi-squared = 253.9428, df = 1, p-value < 2.2e-16
```

10 非定常時系列

　この章では非定常時系列について述べる．経済データは非定常過程となるものが少なくない．定常過程で成り立つ理論の多くは，非定常過程に対して，成り立たない．

　特にこの章で述べる非定常過程を扱ううえで重要となる，単位根と共和分という概念は近年の経済学で注目されている．時系列モデルを用いたデータ分析を行う場合，単位根検定を行っていないと，必ずといってもいいほどその点を指摘されるようになってきている．

　この章では非定常過程，単位根検定と共和分検定について解説する．さらにデータを用いて R による単位根検定と共和分検定について説明する．

10.1　単　位　根

　非定常過程にはさまざまな種類がある．そのなかで，経済学で最も知られているのが単位根過程である．単位根過程とは，特性方程式が単位根（根1）をもつ確率過程である．2つの独立な単位根過程について一方を説明変数，他方を被説明変数として OLS 推定を行うと，決定係数が高い値をとったり t 検定や F 検定が有意になるという，あたかも回帰分析が意味をもつようにみえる現象が生じる．このような現象を見せかけの回帰 (spurious regression) と呼ぶ．近年の時系列データを用いた実証分析では，変数が単位根をもつかどうかを検定したり，単位根を回避するような（定常過程に変形する）分析手法を用いなければ，意味のある分析とみなされなくなってきている．

10.1.1 非定常過程

非定常過程のなかには1階の階差をとって初めて定常過程になるものがある。このような確率過程を $I(1)$ 過程と呼ぶ。また，d 階の階差をとって初めて定常になる確率過程を $I(d)$ 過程と呼ぶ。階差をとらなくても定常過程である過程を $I(0)$ 過程と呼ぶ。非定常過程の最も代表的なものがランダムウォークである。

10.1.2 モデル

AR(1) モデルをもとにしたランダムウォークは，ドリフトと時間トレンドの有無の違いで3つのモデルが知られている。

a. ランダムウォーク

$$y_t = y_{t-1} + u_t \quad (t = 1, 2, \cdots) \tag{10.1}$$

ただし，$y_0 = 0$ であり，u_t はホワイトノイズとする。

(10.1) 式を書き換えると

$$y_t = y_0 + \sum_{i=0}^{t} u_i \tag{10.2}$$

となる

ランダムウォークは $I(1)$ 過程の代表例である。実際に1階の階差をとるとホワイトノイズ（つまり，$I(0)$）となる。

$$\Delta y_t = \Delta y_{t-1} + u_t - u_{t-1}$$
$$= u_{t-1} + u_t - u_{t-1}$$
$$= u_t$$

b. ドリフト付きランダムウォーク

ランダムウォークにドリフト（定数項）がついている，以下のようなモデルをドリフト付きランダムウォークモデルと呼ぶ。

$$y_t = \beta_0 + y_{t-1} + u_t \tag{10.3}$$

c. ドリフトと時間トレンド付きランダムウォーク

ランダムウォークにドリフトと時間トレンドがついている．以下のようなモデルをドリフトと時間トレンド付きランダムウォークモデルと呼ぶ．

$$y_t = \beta_0 + \beta_1 t + y_{t-1} + u_t \tag{10.4}$$

ランダムウォーク，ドリフト付きランダムウォークおよびドリフトと時間トレンド付きランダムウォークは単位根過程 (unit root process) とも呼ばれる．これは，AR(1) モデルの特性方程式の根が 1 だからである．AR モデルの特性方程式の根が 1 であるとき，その AR モデルは単位根をもつという．

10.1.3 見せかけの回帰

互いに独立な 2 つの $I(1)$ の確率過程 $\{y_t\}$ と $\{x_t\}$ について，y_t を被説明変数，x_t を説明変数として回帰分析を行う．2 つの確率過程は独立であるため，本来は回帰は統計的に有意ではないはずである．

しかし，下記のようにあたかも回帰が有意であるような，現象が発生することが知られている．このような回帰のことを見せかけの回帰と呼ぶ．

(a) t 統計量や F 統計量が大きくなってしまう．

(b) 決定係数が大きくなる．

ただし，見せかけの回帰は Durbin–Watson 統計量が小さくなることが知られている．よって，t 統計量や F 統計量が大きく，決定係数が高くても Durbin–Watson 統計量が小さければ，見せかけの回帰である可能性が高くなるといえる．

10.2　R で見せかけの回帰

この節では，例として以下のような独立なドリフト付きランダムウォークを R で発生させる．

$$\begin{aligned} y_t &= 0.7 + y_{t-1} + u_t \\ x_t &= 0.3 + x_{t-1} + u_t \end{aligned} \tag{10.5}$$

y_t を被説明変数, x_t を説明変数として回帰分析を行う.

(a) $I(1)$ モデルに従う乱数を発生させる関数 cumsum() を用いる. cumsum(x) はベクトル x の i 番目までの要素の和をベクトルで返す. たとえば, x の要素が $(1,2,3)$ だった場合, cumsum(x) は $(1, 1+2, 1+2+3)$ となる. 例として (10.5) 式で定義されるドリフト付きランダムウォーク x, y を作成する.

```
set.seed(120)
a <- rnorm(100)
b <- rnorm(100)
drift <- 1:100
y <- 0.7*drift + cumsum(a)
x <- 0.3*drift + cumsum(b)
```

(b) 時系列のグラフを描く. 関数 matplot() と legend() を用いる. matplot(x, pch = 1:n, type = "o") で行列 x について, 列ごとの折れ線グラフを描くという指示. pch でプロットの形を指定. 例として, type = "o" で点プロットと線プロットの重ね書きを指示. 関数 legend("topleft", legend = c("a","b")) でグラフの左上に a, b という凡例を描くという指示. lty, pch, col でそれぞれ線の種類, プロットの形, 色を指定. 結果は図 10.1 のとおりである.

```
matplot(cbind(x,y), pch = 1:2, type = "o")
legend("topleft", legend=c("x","y"),
lty=c(1:2), pch=c(1,2), col=c(1,2))
```

(c) 見せかけの回帰を行う. y を被説明変数とし, x を説明変数とし回帰分析を行う.
分析の結果, t 値が大きく係数が有意であり, 決定係数も 0.9097 と高いことがわかる.

```
reg <- lm(y ~ x)
summary(reg)
```

図 10.1　y と x

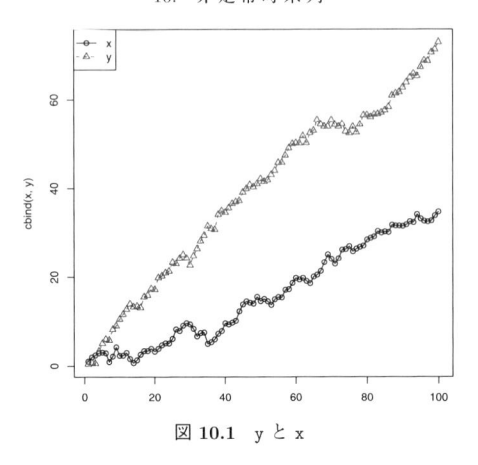

```
Call:
lm(formula = y ~ x)
Coefficients:
            Estimate Std. Error t value Pr(>|t|)
(Intercept) 11.85803    1.05525   11.24   <2e-16 ***
x            1.71937    0.05473   31.41   <2e-16 ***
---
Signif. codes:  0 '***' 0.001 '**' 0.01 '*' 0.05 '.' 0.1
' ' 1
Residual standard error: 5.983 on 98 degrees of freedom
Multiple R-squared: 0.9097, Adjusted R-squared: 0.9087
F-statistic: 986.8 on 1 and 98 DF,  p-value: < 2.2e-16
```

(d) Durbin–Watson 統計量を調べる．パッケージ **lmtest** の関数 dwtest() を用いる．result が OLS の結果を代入したオブジェクトとすると，dwtest(result) で Durbin–Watson 検定を行うという指示．
分析の結果，Durbin–Watson 統計量は小さく，「系列相関がない」という帰無仮説は棄却され，回帰残差に（正の）系列相関が存在することがわかる．

```
library(lmtest)
dwtest(reg)
```

```
DW = 0.1153, p-value < 2.2e-16
alternative hypothesis:
true autocorrelation is greater than 0
```

10.3　単 位 根 検 定

ある過程が単位根をもつかどうか検定を行う．このような検定を単位根検定と呼ぶ．以下，Dickey–Fuller 検定，ADF 検定，Phillips–Perron 検定，KPSS 検定について解説する．

10.3.1　Dickey–Fuller 検定

以下のようなランダムウォークを例にして，**Dickey–Fuller 検定**について解説する．

$$y_t = \alpha y_{t-1} + u_t \quad (t = 2, 3, \ldots, T) \tag{10.6}$$

このモデルにおいて，以下の仮説検定問題を考える．

$$H_0 : \alpha = 1$$
$$H_1 : \alpha < 1$$

(10.6) 式の両辺から y_{t-1} を引き，$\Delta y_t = y_t - y_{t-1}$ とし，

$$\Delta y_t = (\alpha - 1)y_{t-1} + u_t$$
$$= \delta y_{t-1} + u_t$$

と変形すれば，上記の仮説検定問題は $\delta = \alpha - 1$ が 0 であるか負であるかを検定することと同値となる．つまり，

$$H_0 : \delta = 0$$
$$H_1 : \delta < 0$$

となる．

パラメータ δ の最小 2 乗推定量を $\hat{\delta}$ で表す．$\hat{\delta}$ の t 統計量 $t_{\hat{\delta}}$ を検定統計量として用いる．しかしこの仮説検定問題では，帰無仮説の下での $t_{\hat{\delta}}$ の分布が t 分布ではないことが知られている．帰無仮説の下での $t_{\hat{\delta}}$ の分布は Dickey–Fuller 分布と呼ばれている．

Dickey–Fuller 検定では「単位根あり」が帰無仮説，「単位根なし」が対立仮説になっていることに注意が必要である．帰無仮説と対立仮説を逆にした仮説検定問題については KPSS 検定と呼ばれる検定法がある．

10.3.2 ADF 検定

Dickey–Fuller 検定は AR(1) モデルの場合の単位根検定であった．それを AR(p) モデルに拡張したものが **ADF** (augmented Dickey–Fuller，拡張 Dickey–Fuller) 検定である．ADF 検定は，AR(1) モデルの誤差項がホワイトノイズではなく，系列相関がある場合の検定と解釈することもできる．

ランダムウォークモデル，ドリフト付きランダムウォークモデル，ドリフトと時間トレンド付きランダムウォークモデルで，AR(p) モデルでの ADF 検定はそれぞれ

$$\Delta y_t = \delta y_{t-1} + \gamma_1 \Delta y_{t-1} + \cdots + \gamma_{p-1} \Delta y_{t-p+1} + u_t$$

$$\Delta y_t = \beta_0 + \delta y_{t-1} + \gamma_1 \Delta y_{t-1} + \cdots + \gamma_{p-1} \Delta y_{t-p+1} + u_t$$

$$\Delta y_t = \beta_0 + \beta_1 t + \delta y_{t-1} + \gamma_1 \Delta y_{t-1} + \cdots + \gamma_{p-1} \Delta y_{t-p+1} + u_t$$

において，以下の検定を行うのと同じ結果になることが知られている．

$$H_0 : \delta = 0$$
$$H_1 : \delta < 0$$

帰無仮説 H_0 の下で y_t は $I(1)$ となり，対立仮説 H_1 の下で $I(0)$ となる．ADF 検定でも Dickey–Fuller 検定と同様に，検定統計量（t 統計量）が t 分布に従わないことが知られている．

10.3.3 Phillips–Perron 検定

Phillips–Perron 検定は，誤差項が弱従属性と分散不均一性をもつ場合の

10.3 単位根検定

ノンパラメトリックな単位根検定法である．自己回帰モデルに定数項がある場合は以下のモデルを考える．

$$y_t = \mu + \alpha y_{t-1} + u_t \quad (t = 1, 2, \ldots, T)$$

ここで誤差項過程 $\{u_t\}$ は弱従属性[*1)]をもち，分散は不均一でも構わない．標本の大きさを T，α の推定量を $\hat{\alpha}$ とすると，単位根検定で通常用いる検定統計量 $T(\hat{\alpha} - 1)$ および $t_{\hat{\alpha}}$ の帰無仮説の下での漸近分布は，未知パラメータに依存してしまうので，Phillips and Perron (1988) は，これら統計量を変換し漸近分布が未知パラメータに依存しないような検定統計量 $Z(\hat{\alpha})$ および $Z(t_{\hat{\alpha}})$ を考案した[*2)]．自己回帰モデルに時間トレンド項が含まれる場合にも，同様に漸近分布が未知パラメータに依存しないような検定統計量が求められる．

10.3.4 KPSS 検定

Kwiatkowski *et al.* (1992) は，帰無仮説がトレンド定常過程，対立仮説がタイムトレンド付き単位根過程とするときの検定方法を考案した．この検定は，考案した論文の4人の共著者の頭文字をとって **KPSS 検定**と呼ばれている．経済学の分析では「単位根あり」を主張したい場合が多いので，Dickey–Fuller 検定や ADF 検定よりも KPSS 検定の方が分析目的に合致していることが多い．以下，KPSS 検定の概要について説明する．

確率過程 $y_1, y_2, \ldots, y_T$ はタイムトレンド，ランダムウォーク，定常過程の和として表されるとする．つまり

$$y_t = \xi t + r_t + \varepsilon_t \quad (t = 1, 2, \ldots, T)$$

と仮定する．ただし $\{\varepsilon\}_{t \geq 1}$ は定常過程，r_t はランダムウォークで

$$r_t = r_{t-1} + u_t \quad (t = 1, 2, \ldots, T)$$

であるとする．ただし $\{u_t\}_{t \geq 1}$ は i.i.d.$(0, \sigma_u^2)$[*3)]である．また，r_t の初期値 r_0

[*1)] 確率変数 u_t と u_s は従属しているが，$|t - s|$ が大きくなるに従って u_t と u_s はほぼ独立となる性質．
[*2)] これら検定統計量の定義は Phillips and Perron (1988) を参照されたい．
[*3)] 「独立で，平均 0，分散 σ_u^2 の同一の分布に従う」ことを意味する．

は定数であるとする．したがって

$$y_t = \xi t + r_0 + \sum_{i=1}^{t} u_i + \varepsilon_t$$

と書ける．以下の仮説を考える．

$$H_0 : \sigma_u^2 = 0$$
$$H_1 : \sigma_u^2 \neq 0$$

帰無仮説 H_0 の下で y_t はトレンド定常過程である．特に $\xi = 0$ のときには，帰無仮説 H_0 の下で y_t はレベル定常過程である．

まず y_t を定数項と時間 t に回帰して OLS 推定量 $\hat{\alpha}$, $\hat{\beta}$ を求め，残差 $e_t = y_t - \hat{\alpha} - \hat{\beta} t$ を求める．残差 e_t の部分和を

$$S_t = \sum_{i=1}^{t} e_i$$

と書く．KPSS 検定の検定統計量は

$$\hat{\eta}_\tau = \frac{1}{T^2 s(l)} \sum_{t=1}^{T} S_t^2 \qquad (10.7)$$

で定義される[*4]．ただし

$$s(l) = \frac{1}{T} \sum_{t=1}^{T} e_t^2 + \frac{2}{T} \sum_{s=1}^{l} w(s,l) \sum_{s+1}^{T} e_t e_{t-s}$$

で定義される．ここで $w(s,l)$ は重み関数で，Kwiatkowski *et al.* (1992) では，$w(s,l) = 1 - s/(l+1)$ を用いている．

帰無仮説がレベル定常過程のときには，y_t を定数項にのみ回帰する．このときの検定統計量を $\hat{\eta}_\mu$ で表す．棄却域は帰無仮説の下での漸近分布に基づいて求める．

10.4 R で単位根検定

この節では，R で単位根検定を行う．データは日本のマクロデータで表 10.1 のとおりである．1980 年第 1 四半期～2009 年第 3 四半期までの四半期データ

[*4] Nabeya and Tanaka (1988) の結果から導かれる．

10.4 Rで単位根検定

表 10.1 変数

変数名	意味
gdp	季節調整済み実質 GDP
cons	季節調整済み実質民間最終消費支出

で，標本の大きさは 119 である．データの出所は内閣府「四半期別 GDP 速報 (93SNA，2000（平成 12）年基準)」の昭和 55 年 1-3 月期～平成 21 年 7-9 月期二次速報値である[*5]．

季節調整済み実質 GDP と季節調整済み実質民間最終消費支出（以下，GDP と民間最終消費支出と略す）について，それぞれドリフト（定数項）のついた以下のようなドリフト付きのランダムウォークモデルを用いて単位根検定（ADF 検定）を行う．

$$\Delta y_t = \beta_0 + \delta y_{t-1} + \sum_{i=1}^{p} \gamma_i \Delta y_{t-i} + u_t$$

帰無仮説 H_0 と対立仮説 H_1 は以下のとおりである．

$$H_0 : \delta = 0$$
$$H_1 : \delta = 1$$

以下，次数の選択については，AIC が最も小さい次数を選んでいる．次数選択方法の詳細については本書では立ち入らない．

(a) データを読み込む．C ドライブの rdata フォルダに gandc.csv が保存されているとする．1 列目をオブジェクト gdp，2 列目をオブジェクト cons に代入する．

```
dataset <-read.csv("C:/rdata/gandc.csv")
gdp    <- dataset[,1]
cons   <- dataset[,2]
```

(b) グラフを描く．横軸を時間にするために，関数 ts() を用いて dataset を時系列オブジェクトにする．ts(x, start=ttt, frequency=n) で

[*5] 季節調整の計算を行っているために，速報値の発表のたびに過去の値も改訂になるので注意されたい．

ベクトルまたは行列 x を ttt 年から始まり，頻度が n である時系列オブジェクトとするという命令である．

次に，例で使用している関数 plot() のオプションについて解説する．plot.type = "single"で 1 つの画面に描写するという指定．yaxt = "n"で縦軸を出力しないという指定．ylab = "label"で縦軸に label と書くという指定．

関数 axis() はグラフの軸に関する命令．オプションについて解説する．side = 2 で左側の横軸を指定．at = z の刻みで目盛りを描き，labels = sprintf("%10.0f",z) は目盛りラベルを z にし，表示桁数を 10 桁で固定するという指示．結果は図 10.2 のとおりである．

```
dataset2 = ts(dataset, start=1980, frequency=4)
plot(dataset2, plot.type ="single", pch = 1:2,
     type = "o", col = c(1,2), yaxt = "n",
     ylab = "単位：10 億円")
legend("topleft", legend = c("GDP","CONS"),
       lty = c(1:2), pch = c(1,2), col = c(1,2))
z <- seq(200000, 600000, by = 100000)
axis(side = 2, at = z , labels = sprintf("%10.0f",z))
```

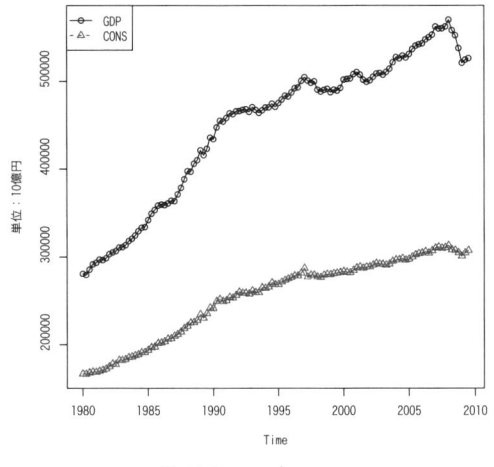

図 10.2 gdp と cons

(c) gdp に関して ADF 検定を行う．パッケージ **fUnitRoots** の関数 unitrootTest() を用いる．unitrootTest(x, type = "c", lags = n) は，x に関してドリフト付きのランダムウォークモデルでラグの長さを n として ADF 検定を行うという指示．type = "nc"はランダムウォークモデル，type = "tc"はドリフトと時間トレンド付きランダムウォークモデルという指定．

検定の結果であるが，検定統計量が -2.5043 であり，(MacKinnon, 1996 の方法に基づいた近似の) p 値が 0.117 であることから有意水準 10% でも帰無仮説は棄却されず，gdp は「単位根をもたないとはいえない」という結果となった．よって，gdp は（積極的にいえるわけではないが）非定常過程ということになる．

```
library(fUnitRoots)
unitrootTest(gdp, type = "c", lags=8)
```

```
Test Results:
  PARAMETER:
    Lag Order: 8
  STATISTIC:
    DF: -2.5043
  P VALUE:
    t: 0.117
    n: 0.7147
```

(d) cons に関して ADF 検定を行う．(c) と同様の手順で行う．検定の結果であるが，検定統計量が -2.5836 であり，(MacKinnon, 1996 の方法に基づいた近似の) p 値が 0.09924 であることから有意水準 5% では帰無仮説は棄却されず，cons は「単位根をもたないとはいえない」という結果となった．よって，cons は（積極的にいえるわけではないが）非定常過程ということになる．

```
unitrootTest(cons, type = "c", lags=3)


Test Results:
  PARAMETER:
    Lag Order: 3
  STATISTIC:
    DF: -2.5836
  P VALUE:
    t: 0.09924
    n: 0.7048
```

(e) gdp に関して Phillips–Perron 検定を行う．パッケージ **urca** の関数 ur.pp() を用いる．ur.pp(x, type="Z-tau", model="constant", lag="long") は x に関して定数項のあるモデルを用いて Phillips–Perron 検定を行うという指示．model で"trend"と指定すれば，トレンドを含むモデルで検定を行う．lag の"short","long"はそれぞれラグの長さを $4(T/100)^{\frac{1}{4}}, 12(T/100)^{\frac{1}{4}}$ の整数部分の大きさとする指定，ただし T はサンプルサイズとする．

分析の結果，検定統計量が -2.5327，有意水準 5% の臨界値が -2.885904 であるので，帰無仮説を棄却できず，「単位根をもたないとはいえない」という結果となった．よって，gdp は（積極的にいえるわけではないが）非定常過程ということになる．cons に関しては同様の方法で検定ができるため省略する．

```
library(urca)
pp_gdp <- ur.pp(gdp, type="Z-tau",
                model="constant", lags="long")
summary(pp_gdp)



Test regression with intercept
Call:
```

10.4 Rで単位根検定

```
lm(formula = y ~ y.l1)
Residuals:
    Min      1Q   Median      3Q     Max
-17397.7 -2807.2    379.6  2729.2 11307.5
Coefficients:
            Estimate Std. Error t value Pr(>|t|)
(Intercept) 9.088e+03  2.340e+03   3.883 0.000172 ***
y.l1        9.844e-01  5.129e-03 191.910  < 2e-16 ***
---
Signif. codes:  0 '***' 0.001 '**' 0.01 '*' 0.05 '.' 0.1 ' ' 1
Residual standard error: 4622 on 116 degrees of freedom
Multiple R-squared: 0.9969, Adjusted R-squared: 0.9968
F-statistic:3.683e+04 on 1 and 116 DF,p-value:<2.2e-16

Value of test-statistic, type: Z-tau  is: -2.5327
          aux. Z statistics
Z-tau-mu             3.1856
Critical values for Z statistics:
                  1pct      5pct     10pct
critical values -3.48644 -2.885904 -2.579608
```

(f) gdp に関して KPSS 検定を行う．パッケージ urca の関数 ur.kpss() を用いる．ur.kpss(x, model="mu",lag="long") は x に関して定数項のあるモデルを用いて KPSS 検定を行うという指示．model で"tau"と指定すれば，トレンドを含むモデルで検定を行う．lag の"short","long"に関しては ur.pp と同じオプションである．

分析の結果，検定統計量が 0.9462，有意水準 5%の臨界値が 0.463 であるので，単位根がないという帰無仮説を棄却し，「単位根をもつ」という結果となった．よって，gdp は非定常過程ということになる．cons に関しては同様の方法で検定ができるため省略する．

```
kpss_gdp <- ur.kpss(gdp, type="mu", lags="long")
summary(kpss_gdp)
```

```
Test is of type: mu with 12 lags.
Value of test-statistic is: 0.9462
Critical value for a significance level of:
          10pct 5pct 2.5pct  1pct
critical values 0.347 0.463  0.574 0.739
```

10.5　共和分分析——Engle–Granger の方法——

10.5.1　共　和　分

10.1.3 項ですでに述べたように，単位根をもつ変数同士で回帰分析を行うと見せかけの回帰が発生することがある．しかし，単位根をもつ変数同士で回帰分析を行ったとしても，以下で説明するように共和分の関係にある場合は統計的に意味のある回帰分析となる．

共和分の一般的な定義を述べる．すべての要素が $I(d)$ であるような変数ベクトル $\bm{x}_t$ の線形結合で $I(d-b)$ となるものが存在するとき，$\bm{x}_t$ は d, b 次の共和分関係にあると呼ばれ，$\bm{x}_t \sim CI(d, b)$ と書く．

共和分の定義はこのように一般的に書けるが，本項では，$I(1)$ であるような変数ベクトルの線形結合が $I(0)$ となる場合のみを考える．つまり，$d = b = 1, CI(1, 1)$ のときである．

y_t と x_t の 2 変量の場合を考える．

$$y_t = \beta_0 + \beta_1 x_t + u_t \quad (t = 1, 2, \ldots, T) \tag{10.8}$$

u_t がランダムウォークであるとき，見せかけの回帰であった．しかし，もし，u_t が定常であれば，y_t と x_t の間に共和分関係が成り立つ．

共和分が成り立っているかどうかを確かめるために，共和分検定を行う．ここでは，Engle–Granger 検定と Phillips–Ouliaris 検定について述べる．

10.5.2　Engle–Granger 検定

y_t, x_t がともに $I(1)$ である場合を考える．以下のような回帰式を最小 2 乗法で推定する．

$$y_t = \beta_0 + \beta_1 x_t + u_t \quad (t = 1, 2, \ldots, T)$$

その後，回帰残差 $\hat{u}_t$ に対して，単位根検定を行う．$\hat{u}_t$ が単位根をもつという帰無仮説が棄却された場合，$\hat{u}_t$ は $I(0)$ となり，y_t, x_t の間に共和分関係が成り立つことがいえる．ただし，$I(1)$ の変数間での回帰で求めた残差に対して単位根検定を行うので，通常の単位根検定とは臨界値が異なることに注意が必要．

10.5.3 Phillips–Ouliaris 検定

Phillips and Ouliaris (1990) は，残差に基づく単位根検定の漸近分布を求めた．Phillips and Ouliaris (1990) では，異なる 4 つの検定統計量を求めている．R ではパッケージ **urca** の関数 ca.po() と，パッケージ **tseries** の関数 po.test() で Phillips–Ouliaris 検定を行うことができるが，それぞれ検定に使用する検定統計量が異なる．検定の詳細は本書のレベルを超えるので田中 (2006, p.239) などを参照せよ．帰無仮説 H_0 と対立仮説 H_1 は以下のようになる．

H_0：共和分関係なし

H_1：一次独立な共和分関係が 1 個ある

10.6　R で共和分分析——Engle–Granger の方法——

10.4 節で用いたデータで共和分検定を行う．GDP と民間最終消費支出はいずれも単位根をもち，非定常過程である．このとき，GDP と民間最終消費支出の間に共和分関係がない場合は，以下の回帰分析は意味をもたない．

$$\text{cons}_t = \beta_0 + \beta_1 \text{gdp}_t + u_t \tag{10.9}$$

以上のようなドリフト付きのモデルで，共和分関係について検定を行う．

(a) データを読み込む．C ドライブの rdata フォルダにある，gandc.csv を用いる．

```
dataset <-read.csv("C:/rdata/gandc.csv")
```

(b) gdp と cons に関して Phillips–Ouliaris 検定を行う．パッケージ **urca** の関数 ca.po() を用いる．ca.po(x, demean = "const") は行列 x (1 列目が被説明変数, その他が説明変数となる) に関してドリフト付きのモデルを用いて Phillips–Ouliaris 検定を行うという指示．demean = "none" とするとランダムウォークモデル，demean = "trend" はドリフトと時間トレンド付きランダムウォークモデルを用いて検定するという指示．検定の結果であるが，検定統計量が 13.2713 であり，5%の臨界値が 33.713 であることから有意水準 5%で帰無仮説は棄却されず，誤差項が非定常となる．つまり，「gdp と cons には共和分関係がない」という結果となった．よって，(10.9) 式はあまり意味のある回帰とはいえない．GDP と民間最終消費支出の間の関係を調べたいときは，たとえば，変数ごとに差分をとり Δgdp_t を被説明変数にし，Δcons_t を説明変数にして回帰すればよい．ただし，10.8 節で行う Johansen による最大固有値検定やトレース検定では，線形独立な共和分関係が 1 つ存在するという結果になる．

```
library(urca)
test_po <- ca.po(dataset[2:1], demean = "const")
summary(test_po)


Call:
lm(formula = z[, 1] ~ z[, -1])

Coefficients:
             Estimate Std. Error t value Pr(>|t|)
(Intercept) 9.782e+03  2.025e+03   4.831 4.15e-06 ***
z[, -1]     5.431e-01  4.431e-03 122.563  < 2e-16 ***
---
Signif. codes:  0 '***' 0.001 '**' 0.01 '*' 0.05 '.' 0.1
   ' ' 1
```

```
Residual standard error: 4007 on 117 degrees of freedom
Multiple R-squared: 0.9923, Adjusted R-squared: 0.9922
F-statistic: 1.502e+04 on 1 and 117 DF,  p-value: < 2.2e-16


Value of test-statistic is: 13.2713
Critical values of Pu are:
                10pct   5pct    1pct
critical values 27.8536 33.713 48.0021
```

10.7　共和分分析——Johansen の方法——

この節では主に Johansen (1988; 1991) が展開した共和分の検定法について説明する.

定義 10.1　確率過程 $y_t = (y_{1t}, y_{2t}, \ldots, y_{mt})'$ は $I(1)$ 過程であるとする. あるベクトル β_i に対して $\beta' y_t$ が $I(0)$ 過程であるとき, y_t には共和分関係 (cointegration relations) があるといい, β_i を共和分ベクトル (conintegration vector) という. 一次独立な共和分ベクトルの個数を共和分ランク (cointerating rank) という.

また $\beta_1, \ldots, \beta_r$ を一次独立な共和分ベクトルであるとするとき $(m \times r)$ 行列 $\beta = (\beta_1, \ldots, \beta_r)$ を共和分行列という.

10.7.1　ベクトル誤差修正モデル

Johansen (1988; 1991), は Gaussian ベクトル自己回帰モデルの下で共和分ランクを決定するための尤度比検定を導いた. まず, ベクトル自己回帰モデルとそこから導かれるベクトル誤差修正モデルについて説明する.

m 次元確率ベクトル y_t は以下のような VAR(p) モデルに従うと仮定する.

$$y_t = \Pi_1 y_{t-1} + \cdots + \Pi_p y_{t-p} + \varepsilon_t \tag{10.10}$$

ただし $\Pi_i (i = 1, 2, \cdots, p)$ は $m \times m$ の係数行列である. ε_t は誤差項で, 独立に m 次元多変量正規分布 $N(\mathbf{0}, \mathbf{\Omega})$ に従うものとする. (10.10) 式を以下のよ

うに変形することができる.

$$\Delta y_t = \Gamma_1 \Delta y_{t-1} + \cdots + \Gamma_{p-1} \Delta y_{t-p+1} + \Pi y_{t-1} + \varepsilon_t \qquad (10.11)$$

ただし

$$\Pi = -(I - \Pi_1 + \cdots + \Pi_p), \quad \Gamma_i = -(\Pi_{i+1} + \cdots + \Pi_p) \qquad (10.12)$$

である. この形式をベクトル誤差修正モデル (vector error correction model) と呼ぶ. ここで, (10.11) 式の左辺 Δy_t は定常であるので, 右辺も定常であり, したがって右辺の Πy_{t-1} が定常である. 行列 Π のランク rank(Π) については, 以下の3つに場合分けできる.

(a) rank(Π) $= m$
(b) rank(Π) $= 0$
(c) $0 <$ rank(Π) $= r < m$

(a) の場合は, $\Pi^{-1}\Pi y_t = y_t$ が定常である. つまり, 原系列が定常であり, 原系列の任意の一次結合が定常である. (b) の場合は Π が 0 行列となり, 共和分関係は存在しない. Δy_t は VAR($p-1$) モデルに従っている. (c) の場合, $\Pi = \alpha \beta'$ を満たすランクが r の $m \times r$ 行列 α, β が存在する. $\alpha \beta' y_t$ の各要素が定常であるから, r 次元確率過程 $\beta' y_t$ の各要素も定常である. したがって, $\beta = (\beta_1, \ldots, \beta_r)$ と書くとき, β_i は共和分ベクトルであり, 共和分ランクは r である. 以上で rank(Π) が共和分ランクに等しいことがわかった. β は共和分行列と呼ばれ, α は調整行列と呼ばれる. (b) の場合,

$$\Delta y_t = \Gamma_1 \Delta y_{t-1} + \cdots + \Gamma_{p-1} \Delta y_{t-p+1} + \alpha \beta' y_{t-1} + \varepsilon_t \qquad (10.13)$$

のように書ける.

10.7.2 Johansen 検定

共和分ランクは未知であるので, それについての統計的推測が必要である. Johansen (1988) と Johansen and Juselius (1990) は, Gaussian ベクトル自己回帰モデルの下で共和分ランクについての2つの仮説検定問題を定式化し, 尤度比検定を導いた. これら2つの検定はそれぞれトレース検定, 最大固有値

10.7 共和分分析——Johansen の方法——

検定と呼ばれ，2 つをあわせて Johansen 検定と呼ぶ．以下ではこれらの検定の概要について述べる．詳細はたとえば Johansen (1995), Juselius (2006), 田中 (2006) を参照せよ[*6]．

Johansen (1995) に沿って，共和分ランクが r のときの β の最尤推定量と最大尤度を求める．まず

$$Z_{0t} = \Delta y_t$$
$$Z_{1t} = y_{t-1}$$
$$Z_{2t} = [\Delta y'_{t-1}, \Delta y'_{t-2}, \ldots, \Delta y'_{t-p+1}]$$

と定義すればベクトル誤差修正モデル (10.11) 式を以下のような簡潔な形式に書くことができる．

$$Z_{0t} = \alpha \beta' Z_{1t} + \Psi Z_{2t} + \varepsilon_t$$

ただし $\Psi = [\Gamma_1, \ldots, \Gamma_{p-1}]$ である．

パラメータ $(\Psi, \alpha, \beta, \Omega)$ の最尤推定量は対数尤度関数

$$\log L(\Psi, \alpha, \beta, \Omega)$$
$$= -\frac{1}{2}T \log |\Omega| - \frac{1}{2}\sum_{t=1}^{T}(Z_{0t} - \alpha \beta' Z_{1t} - \Psi Z_{2t})' \Omega^{-1}(Z_{0t} - \alpha \beta' Z_{1t} - \Psi Z_{2t})$$

を最大にする値である．ただし $|\Omega|$ は行列 Ω の行列式を意味する．

次に，Δy_t を $\Delta y_{t-1}, \ldots, \Delta y_{t-(p+1)}$ に回帰したときの残差を R_{0t} で表し，y_{t-1} を $\Delta y_{t-1}, \ldots, \Delta y_{t-(p+1)}$ に回帰したときの残差を R_{1t} で表す．また行列 $S_{00}, S_{10}, S_{01}, S_{11}$ を

$$S_{ij} = \frac{1}{T}\sum_{t=1}^{T} R_{it} R'_{jt} \quad (i, j = 0, 1)$$

で定義する．対数尤度関数が最大になるときの，Ψ についての 1 階の条件を上の式に代入すると α, β の集約対数尤度関数

[*6] 記号はなるべく Johansen (1996) と同じにした．

$$\log L(\boldsymbol{\alpha}, \boldsymbol{\beta}, \boldsymbol{\Omega})$$
$$= -\frac{1}{2} T \log |\boldsymbol{\Omega}| - \frac{1}{2} \sum_{t=1}^{T} (\boldsymbol{R}_{0t} - \boldsymbol{\alpha}\boldsymbol{\beta}'\boldsymbol{R}_{1t})' \boldsymbol{\Omega}^{-1} (\boldsymbol{R}_{0t} - \boldsymbol{\alpha}\boldsymbol{\beta}'\boldsymbol{R}_{1t})$$

を得る．さらに $\boldsymbol{\alpha}$ の 1 階の条件を導入することによって，$\boldsymbol{\beta}$ の最尤推定量は

$$\frac{|\boldsymbol{\beta}'(\boldsymbol{S}_{11} - \boldsymbol{S}_{10}\boldsymbol{S}_{00}^{-1}\boldsymbol{S}_{01})\boldsymbol{\beta}|}{|\boldsymbol{\beta}'\boldsymbol{S}_{11}\boldsymbol{\beta}|} \tag{10.14}$$

を最大にする値であることを示すことができる．ここで固有方程式

$$|\lambda S_{11} - S_{10} S_{00}^{-1} S_{01}| = 0$$

の解を $1 > \hat{\lambda}_1 \geq \cdots \geq \hat{\lambda}_m \geq 0$ で表し，対応する固有ベクトルを列にもつ行列を $\hat{\boldsymbol{V}} = [\hat{\boldsymbol{v}}_1, \hat{\boldsymbol{v}}_2, \ldots, \hat{\boldsymbol{v}}_m]$ で表す．つまり $\boldsymbol{v}_i$ は

$$\hat{\lambda}_i \boldsymbol{S}_{11} \hat{\boldsymbol{v}}_i = \boldsymbol{S}_{10} \boldsymbol{S}_{00}^{-1} \boldsymbol{S}_{01} \hat{\boldsymbol{v}}_i \quad (i = 1, \ldots, m)$$

を満たし，規準化則

$$\hat{\boldsymbol{V}}' \boldsymbol{S}_{11} \hat{\boldsymbol{V}} = \boldsymbol{I} \tag{10.15}$$

を満たすものとする．(10.14) 式を最大にする値，つまり $\boldsymbol{\beta}$ の最尤推定量は

$$\hat{\boldsymbol{\beta}} = (\hat{\boldsymbol{v}}_1, \ldots, \hat{\boldsymbol{v}}_r) \tag{10.16}$$

であり，尤度関数の最大値を $L_{\max}$ とするとき，

$$L_{\max}^{-2/T} = |\boldsymbol{S}_{00}| \prod_{i=1}^{r} (1 - \hat{\lambda}_i) \tag{10.17}$$

であることが示される[*7]．

a. トレース検定

以下で共和分ランクについての尤度比検定統計量を求める．以下のような帰無仮説 $H(r)$ と対立仮説 $H(m)$ を考える．ただし $r < m$ とする．

$$H(r) : \operatorname{rank}(\boldsymbol{\Pi}) = r \quad \text{vs.} \quad H(m) : \operatorname{rank}(\boldsymbol{\Pi}) = m \tag{10.18}$$

[*7] Johansen (1996), Theorem 6.1 と Lemma A.8 を参照せよ．

この対立仮説は y_t が定常であることを意味している．以下で検定統計量の定義を示す．

(10.17) 式より，検定問題 (10.18) の尤度比検定統計量は

$$-2\log Q(H(r)|H(m)) = -T \sum_{i=r+1}^{m} \log(1 - \hat{\lambda}_i) \qquad (10.19)$$

である．つまりこの値が大きいときに帰無仮説 $H(r)$ を棄却する．検定統計量 (10.19) が帰無仮説の下で，あるランダムな行列のトレースに分布収束することから，この検定を**トレース検定**という．この検定の，漸近分布に基づく棄却点は Johansen (1995) で与えられている．この検定は以下のように解釈できる．共和分ランクが r である場合 $\hat{\lambda}_i, i = r+1, \ldots, m$ は 0 に近いはずである．したがって，(10.19) 式の値が大きいときは，帰無仮説が間違っている可能性が高いと考えられ帰無仮説 $H(r)$ を棄却する．

b. 最大固有値検定

以下のような帰無仮説 $H(r)$ と対立仮説 $H(r+1)$ を考える．

$$H(r): \mathrm{rank}(\mathbf{\Pi}) = r \quad \text{vs.} \quad H(r+1): \mathrm{rank}(\mathbf{\Pi}) = r+1 \qquad (10.20)$$

検定問題 (10.20) の尤度比検定統計量は，

$$-T \ln(1 - \hat{\lambda}_{r+1}) \qquad (10.21)$$

となる．検定統計量 (10.21) は帰無仮説の下で，あるランダムな行列の最大固有値に分布収束することから，この検定を**最大固有値検定**という．

10.7.3 線形トレンドを含むモデル

Johansen (1995, pp.80–84) は，線形トレンドを含むモデルの共和分検定について説明している[8]．ベクトル誤差修正モデルに定数項と線形トレンド $\boldsymbol{\mu}_0 + \boldsymbol{\mu}_1$ を加える．

$$\Delta \boldsymbol{y}_t = \boldsymbol{\mu}_0 + \boldsymbol{\mu}_1 t + \boldsymbol{\Gamma}_1 \Delta \boldsymbol{y}_{t-1} + \cdots + \boldsymbol{\Gamma}_{p-1} \Delta \boldsymbol{y}_{t-p+1} + \boldsymbol{\alpha} \boldsymbol{\beta}' \boldsymbol{y}_{t-1} + \boldsymbol{\varepsilon}_t$$

---

[8] 本項の記述は Johansen (1996) および田中 (2006) に沿っている．

ここでランク r の $m \times r$ 行列 $\boldsymbol{\alpha}$ に対して，$\boldsymbol{\alpha}_\perp$ をランク $m-r$ の $m \times (m-r)$ 行列で $\boldsymbol{\alpha}'\boldsymbol{\alpha}_\perp = \boldsymbol{0}$ を満たすものとする．つまり $\boldsymbol{\alpha}$ の列ベクトルは $\boldsymbol{\alpha}_\perp$ の列ベクトルと直交し，$\mathrm{rank}(\boldsymbol{\alpha}, \boldsymbol{\alpha}_\perp) = m$ である．

y_t の確定的トレンドの性質は $\boldsymbol{\alpha}'_\perp \boldsymbol{\mu}_i$ が $\boldsymbol{0}$ かどうかに依存するので，$\boldsymbol{\mu}_i$ を $\boldsymbol{\alpha}$ の張る空間と $\boldsymbol{\alpha}_\perp$ の張る空間に以下のように直交分解する．

$$\boldsymbol{\mu}_i = \boldsymbol{\alpha}\boldsymbol{\rho}_i + \boldsymbol{\alpha}_\perp \boldsymbol{\gamma}_i \quad (i = 0, 1)$$

ただし，$\boldsymbol{\rho}_i = (\boldsymbol{\alpha}'\boldsymbol{\alpha})^{-1}\boldsymbol{\alpha}'\boldsymbol{\mu}_i$, $\boldsymbol{\gamma}_i = (\boldsymbol{\alpha}'_\perp \boldsymbol{\alpha}_\perp)^{-1}\boldsymbol{\alpha}'_\perp \boldsymbol{\mu}_i$ である．

したがって，確定的トレンドは以下のように書ける．

$$\boldsymbol{\mu}_t = \boldsymbol{\mu}_0 + \boldsymbol{\mu}_1 t = \boldsymbol{\alpha}\boldsymbol{\rho}_0 + \boldsymbol{\alpha}_\perp \boldsymbol{\gamma}_0 + (\boldsymbol{\alpha}\boldsymbol{\rho}_1 + \boldsymbol{\alpha}_\perp \boldsymbol{\gamma}_1) t$$

この確定トレンドに制約を加えた以下の5つのモデルを考える．

モデル (a) $\boldsymbol{\mu}_t = \boldsymbol{0}$

モデル (b) $\boldsymbol{\mu}_t = \boldsymbol{\alpha}\boldsymbol{\rho}_0$

モデル (c) $\boldsymbol{\mu}_t = \boldsymbol{\alpha}\boldsymbol{\rho}_0 + \boldsymbol{\alpha}_\perp \boldsymbol{\gamma}_0$

モデル (d) $\boldsymbol{\mu}_t = \boldsymbol{\alpha}\boldsymbol{\rho}_0 + \boldsymbol{\alpha}_\perp \boldsymbol{\gamma}_0 + \boldsymbol{\alpha}\boldsymbol{\rho}_1 t$

モデル (e) $\boldsymbol{\mu}_t = \boldsymbol{\alpha}\boldsymbol{\rho}_0 + \boldsymbol{\alpha}_\perp \boldsymbol{\gamma}_0 + (\boldsymbol{\alpha}\boldsymbol{\rho}_1 + \boldsymbol{\alpha}_\perp \boldsymbol{\gamma}_1) t$

■モデル (a) $\boldsymbol{\mu}_t = \boldsymbol{0}$

レベル変数 y_t は線形トレンドももたない．また，共和分関係は定数項をもたない．

$$\Delta y_t = \boldsymbol{\alpha}\boldsymbol{\beta}' y_{t-1} + \sum_{i=1}^{p-1} \boldsymbol{\Gamma}_i \Delta y_{t-i} + \boldsymbol{\varepsilon}_t$$

■モデル (b) $\boldsymbol{\mu}_t = \boldsymbol{\alpha}\boldsymbol{\rho}_0$

$\boldsymbol{\mu}_1 = \boldsymbol{0}$ であり，$\boldsymbol{\mu}_0$ には $\boldsymbol{\alpha}'_\perp \boldsymbol{\mu}_0 = \boldsymbol{0}$ という制約がある．この場合

$$\Delta y_t = \boldsymbol{\alpha}(\boldsymbol{\beta}' y_{t-1} + \boldsymbol{\rho}_0) + \sum_{i=1}^{p-1} \boldsymbol{\Gamma}_i \Delta y_{t-i} + \boldsymbol{\varepsilon}_t$$

となる．上式の右辺は定数項を含まないので，レベル変数は線形トレンドをも

たない．共和分関係は定数項をもつ．

■モデル (c)　$\mu_t = \alpha\rho_0 + \alpha_\perp \gamma_0$
この場合

$$\Delta y_t = \alpha_\perp \gamma_0 + \alpha(\beta' y_{t-1} + \rho_0) + \sum_{i=1}^{p-1} \Gamma_i \Delta y_{t-i} + \varepsilon_t$$

である．レベル変数は線形トレンドをもち，共和分関係は定数項をもつ．

■モデル (d)　$\mu_t = \alpha\rho_0 + \alpha_\perp \gamma_0 + \alpha\rho_1 t$
この場合

$$\Delta y_t = \alpha_\perp \gamma_0 + \alpha(\beta' y_{t-1} + \rho_0 + \rho_1 t) + \sum_{i=1}^{p-1} \Gamma_i \Delta y_{t-i} + \varepsilon_t$$

である．レベル変数は線形トレンドをもち，共和分関係にも定数項および線形トレンドが含まれる．

■モデル (e)　$\mu_t = \alpha\rho_0 + \alpha_\perp \gamma_0 + (\alpha\rho_1 + \alpha_\perp \gamma_1) t$
この場合

$$\Delta y_t = \alpha_\perp \gamma_0 + \alpha_\perp \gamma_1 t + \alpha(\beta' y_{t-1} + \rho_0 + \rho_1 t) + \sum_{i=1}^{p-1} \Gamma_i \Delta y_{t-i} + \varepsilon_t$$

である．レベル変数は二次のトレンドをもち，共和分関係には定数項および線形トレンドが含まれる．

10.8　R で共和分分析――Johansen の方法――

この節では，Johansen and Juselius (1990) で分析されたデンマークのマクロデータを用いて，R で共和分検定（最大固有値検定とトレース検定）を行う．データは表 10.2 のとおりである．

R ではパッケージ **urca** の関数 ca.jo() を用いる[*9]．ca.jo() では，分位点に関しては Osterwald-Lenum (1992) の結果が出力される．

今回の分析では，変数が 4 なので $r < 4$ となる．

[*9] パッケージ **urca** に関しては Pfaff (2008) に詳細な記述がある．

表 10.2 変数

変数名	意味
LRM	実質貨幣需要（M2）の対数
LRY	実質所得の対数値
IBO	債券利子率
IDE	銀行預金利子率

$$H_0 : \text{rank}(\Pi) = r$$
$$H_1 : \text{rank}(\Pi) = r + 1$$

(a) データを読み込む．パッケージ **urca** のなかのデータセット denmark を用いる．

```
library(urca)
data(denmark)
```

(b) LRM, LRY IBO, IDE に関し Johansen の最大固有値検定を行う．パッケージ **urca** の関数 ca.jo() を用いる．ca.jo(x, ecdet="const", type="eigen", K=k,spec="longrun", season=n) は x に関して定数項がついたラグの大きさが k で n 期の季節性があるモデルを用いて最大固有値検定を行うという指示．

結果，$H_0 : \text{rank}(\alpha) = 0$ という帰無仮説に関する検定については，検定統計量が 30.09 で 5%の分位点が 28.14 なので，有意水準 5%で帰無仮説を棄却し，$H_1 : \text{rank}(\alpha) = 1$ が採択される．次に $H_0 : \text{rank}(\alpha) = 1$ という帰無仮説に関する検定については，検定統計量が 10.36 で，5%の分位点が 22.00 なので有意水準 5%で帰無仮説を棄却できない．よって，共和分関係は 1 つである可能性が高いという結果になった．

```
x <- denmark[, c("LRM", "LRY", "IBO", "IDE")]
result_e <- ca.jo(x, ecdet="const",
                  type="eigen", K=2,
                  spec="longrun", season=4)
summary(result_e)
```

10.8 Rで共和分分析——Johansenの方法——

```
              test 10pct  5pct  1pct
r <= 3 |      2.35  7.52  9.24 12.97
r <= 2 |      6.34 13.75 15.67 20.20
r <= 1 |     10.36 19.77 22.00 26.81
r  = 0 |     30.09 25.56 28.14 33.24
```

(c) LRM, LRY IBO, IDE に関し Johansen のトレース検定を行う．パッケージ urca の関数 ca.jo() を用いる．ca.jo(x, ecdet="const", type="trace", K=k,spec="longrun", season=n) は x に関して定数項がついたラグの大きさが k で n 期の季節性があるモデルを用いてトレース検定を行うという指示．

結果，$H_0 : \mathrm{rank}(\boldsymbol{\alpha}) = 0$ という帰無仮説に関する検定については，検定統計量が 49.14 で 5%の分位点が 53.12 なので，有意水準 5%で帰無仮説を棄却できない．よって，共和分関係は 0 でないとは言い切れないという結果になった．

```
result_t <- ca.jo(x, ecdet = "const",
                  type="trace", K=2,
                  spec="longrun", season=4)
summary(result_t)
```

```
              test 10pct  5pct  1pct
r <= 3 |      2.35  7.52  9.24 12.97
r <= 2 |      8.69 17.85 19.96 24.60
r <= 1 |     19.06 32.00 34.91 41.07
r  = 0 |     49.14 49.65 53.12 60.16
```

11 パネル分析

近年，日本でもパネルデータの整備が行われつつあり，パネルデータを用いたさまざまな経済問題の分析が盛んとなり，多くの分析方法が提案されている．この章では，そのなかで最も一般的な pooled OLS, 固定効果モデル，変量効果モデルについて解説する．

11.1　パネルデータとは

パネルデータとは，複数の同じ経済主体（家計，企業，国など）に関する複数時点でのデータである．複数の時点で，同じ経済主体に対してクロスセクションでデータを取得したと捉えることもできる．複数の時点での違う経済主体についてのデータはパネルデータではないので注意されたい．パネルデータは縦断面 (longitudinal) データと呼ばれることもある．

パネルデータを用いることで，経済主体ごとの観測されない異質性を分析することができる．たとえば，もし同じ資本量と労働量を投入したとしても，企業によって時間によらず生産性が異なるかどうかといったことを分析することで，経営者の能力や企業風土など定量的に観測することが難しい異質性を分析することが可能となる．

また，近年では政策評価 (policy evaluation) などにパネルデータを用いた分析が行われることが多い．ただし，本書では政策評価のパネル分析については扱わない．パネル分析の発展的な内容については Cameron and Trivedi (2005), Angrist and Pischke (2009) および星野 (2009) などを参考にされたい．

11.2　pooled OLS

この章を通じて n 個の経済主体を T 期間観測したデータについて考える．pooled OLS とは定数項が時間にも経済主体にも依存しないモデルである．以下 pooled OLS の仮定について述べる．詳細に関しては Greene (2007, Section 9.3) や Wooldridge (2009, Chapter 13, 14) などを参照されたい．

仮定 11.1　$i = 1, 2, \ldots, n, t = 1, 2, \ldots, T$ に対して，

$$y_{it} = \alpha + \boldsymbol{x}_{it}'\boldsymbol{\beta} + u_{it} \tag{11.1}$$

とする．ただし，y_{it} は被説明変数，α は定数項，$\boldsymbol{x}_{it}$ は説明変数で k 次元ベクトル，$\boldsymbol{\beta}$ はその係数で k 次元ベクトル，u_{it} は誤差項である．

仮定 11.2　クロスセクション方向にはランダムサンプリング．

仮定 11.3　$i = 1, 2, \ldots, n$ に対して，各説明変数は（少なくともある i に関しては）時間によって変化し，説明変数間で完全な線形関係は存在しない．

仮定 11.4　$i = 1, 2, \ldots, n$ に対して，

$$\mathrm{E}[u_{it}|\boldsymbol{X}_i] = 0$$

とする．ただし，$\boldsymbol{X}_i = (\boldsymbol{x}_{i1}, \boldsymbol{x}_{i2}, \ldots, \boldsymbol{x}_{iT})'$ とする．

仮定 11.5　$i = 1, 2, \ldots, n$ に対して，

$$\mathrm{Var}(u_t|\boldsymbol{X}_i) = \sigma^2$$

とする．

仮定 11.6　$t = 1, 2, \ldots, T, s = 1, 2, \ldots, T, t \neq s$ に対して，誤差項はすべての説明変数で条件づけたとき共分散が 0 となる．

$$\mathrm{Cov}(u_{it}, u_{is}|\boldsymbol{X}_i) = 0$$

仮定 11.7 誤差項はすべての説明変数で条件づけたとき,独立で同一な正規分布 $N(0, \sigma^2)$ に従う.

以上の仮定の下で,パネルデータはクロスセクションデータや時系列データの OLS 分析と同じように扱うことができる.

次に,(11.1) 式の α が経済主体ごとに異なり確率変数であるようなモデルについて考える.このとき α_i を個別効果と呼ぶ.以下で説明するとおり,主に α_i に対する仮定の違いにより固定効果モデルと変量効果モデルに別れる.

11.3 固定効果モデル

この節では固定効果モデル (fixed effects model) について解説する.固定効果モデルや変量効果モデルの仮定については Wooldridge (2009, Chapter 14) と同じである.理論の詳細に関しては,Wooldridge (2002, Chapter 14) も参照されたい.以下,固定効果モデルの仮定について述べる.

仮定 11.8 n 個の経済主体を T 期間観測したデータについて考える.$i = 1, 2, \ldots, n, t = 1, 2, \ldots, T$ に対して

$$y_{it} = \alpha_i + \boldsymbol{x}'_{it}\boldsymbol{\beta} + u_{it} \tag{11.2}$$

とする.y_{it} は被説明変数で,$\boldsymbol{x}_{it}$ は説明変数で k 次元ベクトル,$\boldsymbol{\beta}$ はその係数で k 次元ベクトル,α_i は個別効果(固定効果モデルでは固定効果,変量効果モデルでは変量効果)と呼ばれる確率変数,u_{it} は誤差項である.

さらに仮定 11.2, 11.3 が成り立っているものとする.

仮定 11.9 $t = 1, 2, \ldots, T$ において,すべての時点の説明変数と個別効果で条件づけられた誤差項の条件付き期待値は 0.つまり,

$$\mathrm{E}[u_{it}|\boldsymbol{X}_i, a_i] = 0 \tag{11.3}$$

とする.

仮定 11.10 $t = 1, 2, \ldots, T$ について,

$$\mathrm{Var}\,(u_{it}|\boldsymbol{X}_i,\alpha) = \mathrm{Var}\,(u_{it}) = \sigma_u^2$$

とする.

仮定 11.11 $t=1,2,\ldots,T$, $s=1,2,\ldots,T$, $s \neq t$ について,

$$\mathrm{Cov}\,(u_{it},u_{is}|\boldsymbol{X}_i,\alpha) = 0$$

とする.

仮定 11.12 誤差項はすべての説明変数と α_i で条件づけたとき，独立で同一な正規分布 $N(0,\sigma_u^2)$ に従う．

以上の仮定より固定効果モデルでは，固定効果 α_i と説明変数 $\boldsymbol{x}_{it}$ に相関関係になんら仮定をおいていない（つまり相関関係があってもなくてもよい）が，時間一定の説明変数を使うことはできない．以上の仮定の下で，**within** 推定あるいは least squares dummy variable (**LSDV**) 推定を用いると，統計的に望ましい統計量（BLUE）が得られることが知られている．**within** 推定統計量と **LSDV** 推定統計量は推定の手続きが異なるが値は一致する．推定方法に関しては Davidson and MacKinnon (2004, Section 7.10) や Wooldridge (2002, Section 10.5.3) を参照されたい．

11.4　変量効果モデル

この節では**変量効果モデル**（random effects model）について解説する．まず変量効果モデルの仮定について述べる．仮定 11.2, 11.8〜11.12 を仮定する．さらに，以下の3つの仮定をおく．

仮定 11.13 説明変数間に完全な線形関係がない．

仮定 11.14 仮定 11.9 に加えて，すべての説明変数で条件づけられた a_i の期待値は一定とする．つまり，

$$\mathrm{E}[a_i|\boldsymbol{X}_i] = \beta_0 \tag{11.4}$$

とする.

仮定 11.15 仮定 11.10 に加えて，すべての説明変数で条件づけられた a_i の分散は一定とする．つまり，

$$\mathrm{Var}\,(a_i|\boldsymbol{X}_i) = \sigma_a^2 \qquad (11.5)$$

とする.

以上の仮定の下で，feasible GLS 推定を行って得られる変量効果推定量は一致性をもつ．さらに，変量効果推定量は T を固定し，n を大きくすることで[*1)]漸近有効性と漸近正規性をもつ．

固定効果モデルと変量効果モデルの主な相違点は主に 2 つある．1 つは，固定効果モデルは説明変数と個別効果の相関関係に仮定をおかないが，変量効果モデルは説明変数と個別効果が無相関と仮定する（仮定 11.9）点である．もう 1 つは，固定効果モデルは，時間に関してまったく変化しない説明変数を使うことはできないのに対して，変量効果モデルは，このような説明変数を用いることができるという点である．

変量効果モデルが真のモデルであるにもかかわらず，誤って pooled OLS や固定効果モデル（within 推定や LSDV 推定）で推定を行うと，一致性はあるが推定量の分散が大きくなる（つまり，有効性が失われる）ことが知られているため，データが与えられたときにどちらのモデルが真のモデルであるかの検定を行わなければならない．

11.5　Hausman 検定

この節では，変量効果モデルと固定効果モデルのどちらが真のモデルであるかを検定する方法について解説する．このような検定の最も代表的なものが Hausman 検定である．帰無仮説 H_0 と対立仮説 H_1 は以下のとおりである．

[*1)]　n が大きく，T が小さいパネルデータをショートパネルと呼ぶ．逆に n が小さく，T が大きいパネルデータをロングパネルと呼ぶ．

H_0 : 変量効果モデルが真のモデル

H_1 : 固定効果モデルが真のモデル

帰無仮説 H_0 の下で検定統計量

$$H = (\hat{\boldsymbol{\delta}}_F - \hat{\boldsymbol{\delta}}_R)' \left(\widehat{\text{AVaR}}(\hat{\boldsymbol{\delta}}_F) - \widehat{\text{AVaR}}(\hat{\boldsymbol{\delta}}_R) \right)^{-1} (\hat{\boldsymbol{\delta}}_F - \hat{\boldsymbol{\delta}}_R)$$

が漸近的に自由度 m の χ^2 分布に従うことが知られている.ただし,$\hat{\boldsymbol{\delta}}_F, \hat{\boldsymbol{\delta}}_R$ はそれぞれ(時間によって変化しない説明変数を除いた)固定効果モデルの説明変数の推定値と,変量効果モデルの説明変数の推定値で m 次元ベクトルである.また,$\widehat{\text{AVaR}}(\hat{\boldsymbol{\delta}}_F), \widehat{\text{AVaR}}(\hat{\boldsymbol{\delta}}_R)$ はそれぞれ $\hat{\boldsymbol{\delta}}_F, \hat{\boldsymbol{\delta}}_R$ の漸近分散共分散行列の推定値である.

11.6　R でパネル分析

この節では,R を用いてパネルデータの分析を行う.分析に使用するデータは Grunfeld データと呼ばれる有名なデータで[*2)],アメリカの有名企業に関するパネルデータである.1935〜1954 年までの 20 年間の年次データで企業数は10,つまり,$n = 10, T = 20$ のパネルデータ.変数名などは表 11.1 のとおりである.

11.6.1　Pooled OLS

まず,パネルデータを用いて pooled OLS 推定を行う.被説明変数を `inv`,説明変数を `value, capital` として pooled OLS を行う.推定するモデルは以下のとおりである.$i = 1, 2, \ldots, 10, t = 1, 2, \ldots, 20$ とすると

表 11.1　データに含まれる変数

変数名	意味(単位)
inv	総投資 (100 万ドル)
value	企業価値 (100 万ドル)
capital	有形固定資産 (100 万ドル)

[*2)] Grunfeld データはいくつものバージョンがある.本書で用いるパッケージ **plm** は Baltagi (2008) で用いられているバージョンである.

$$\text{inv}_{it} = \alpha + \beta_1 \text{value}_{it} + \beta_2 \text{capital}_{it} + u_{it} \tag{11.6}$$

である．pooled OLS では定数項は経済主体（この場合は企業）や時点によらず一定となる．

(a) データの読み込みを行う．data("x", package = "y") でパッケージ x の y というデータを読み込むという指示．ここではパッケージ plm のなかの Grunfeld というデータを読み込む．

```
library("plm")
data("Grunfeld", package = "plm")
```

(b) 被説明変数を inv，説明変数を value, capital として pooled OLS を行う．パッケージ plm の関数 plm() を用いる．model = "pooling" で pooled OLS を行うという指示．回帰式の書き方は関数 lm() で OLS を行う場合と同じである．

```
res_po <- plm(inv ~ value + capital,
              data = Grunfeld, model = "pooling")
```

(c) 結果を出力する．関数 summary() を用いる．分析結果は以下のとおりである．

```
summary(res_po)


Oneway (individual) effect Pooling Model

Call:
plm(formula = inv ~ value + capital,
 data = Grunfeld, model = "pooling")

Balanced Panel: n=10, T=20, N=200

Residuals :
    Min. 1st Qu.  Median 3rd Qu.    Max.
```

```
   -292.0    -30.0      5.3    34.8    369.0

Coefficients :
              Estimate  Std. Error t-value Pr(>|t|)
(Intercept) -42.7143694  9.5116760 -4.4907 1.207e-05 ***
value         0.1155622  0.0058357 19.8026 < 2.2e-16 ***
capital       0.2306785  0.0254758  9.0548 < 2.2e-16 ***
---
Signif. codes:  0 '***' 0.001 '**' 0.01 '*' 0.05 '.' 0.1
 ' ' 1

Total Sum of Squares:    9359900
Residual Sum of Squares: 1755900
F-statistic: 426.576 on 2 and 197 DF, p-value: < 2.22e-16
```

11.6.2 固定効果モデルと変量効果モデル

pooled OLS のときと同じパネルデータを用いて,固定効果モデルと変量効果モデルで推定を行う.被説明変数を inv,説明変数を value, capital とする推定するモデルは以下のとおりである.$i = 1, 2, \ldots, 10, t = 1, 2, \ldots, 20$ とすると

$$\text{inv}_{it} = \alpha_i + \beta_1 \text{value}_{it} + \beta_2 \text{capital}_{it} + u_{it} \quad (11.7)$$

である.固定効果モデルでは,α_i が value か capital のいずれかまたは両方と相関があると考える.変量効果モデルでは,α_i が value か capital のいずれとも相関がないと考える.固定効果モデルと pooled OLS のどちらが真のモデルかどうかを検定する **F 検定**と,固定効果モデルと変量効果モデルのどちらが真のモデルかを検定する **Hausman 検定**についても述べる.

(a) 被説明変数を inv,説明変数を value, capital として固定効果モデルで推定を行う.関数 plm() を用いる.model = "within"は固定効果モデルで推定を行うという指示.結果は以下のとおりである.

```
 res_fe <- plm(inv ~ value + capital,
```

```
                    data = Grunfeld, model = "within")
 summary(res_fe)


Oneway (individual) effect Within Model

Call:
plm(formula = inv ~ value + capital, data = Grunfeld,
 model = "within")

Balanced Panel: n=10, T=20, N=200

Residuals :
    Min.    1st Qu.    Median    3rd Qu.      Max.
-184.000   -17.600     0.563     19.200    251.000

Coefficients :
         Estimate Std. Error t-value  Pr(>|t|)
value    0.110124   0.011857  9.2879 < 2.2e-16 ***
capital  0.310065   0.017355 17.8666 < 2.2e-16 ***
---
Signif. codes:  0 '***' 0.001 '**' 0.01 '*' 0.05 '.' 0.1
    ' ' 1

Total Sum of Squares:    2244400
Residual Sum of Squares: 523480
F-statistic: 309.014 on 2 and 188 DF, p-value: < 2.22e-16
```

(b) 固定効果を出力する．関数 fixef() を用いる．fixef(result, type = "dmean") で固定効果モデルの分析結果 result の各固定効果を出力するという指示．例として res_fe で分析した，10 企業の固定効果をそれぞれ出力する．結果であるが $-11.5528, 160.6498$ がそれぞれ企業 1，企業 2 の固定効果を表し，各行で各企業の固定効果が有意であるかどうか検定を行っている．

```
summary(fixef(res_fe, type = "dmean"))
```

```
   Estimate Std. Error t-value   Pr(>|t|)
1   -11.5528    49.7080 -0.2324   0.816217
2   160.6498    24.9383  6.4419 1.180e-10 ***
3  -176.8279    24.4316 -7.2377 4.565e-13 ***
4    30.9346    14.0778  2.1974   0.027991 *
5   -55.8729    14.1654 -3.9443 8.003e-05 ***
6    35.5826    12.6687  2.8087   0.004974 **
7    -7.8095    12.8430 -0.6081   0.543136
8     1.1983    13.9931  0.0856   0.931758
9   -28.4783    12.8919 -2.2090   0.027174 *
10   52.1761    11.8269  4.4116 1.026e-05 ***
---
Signif. codes:  0 '***' 0.001 '**' 0.01 '*' 0.05 '.' 0.1
  ' ' 1
```

(c) 固定効果モデルの係数がすべて等しいかどうかについて F 検定を行う．関数 pFtest() を用いる．関数 pFtest(固定効果モデルの推定結果, pooled OLS の推定結果) で検定が行える．分析の結果 p 値が $2.2/10^{16}$ と非常に小さいので，有意水準1％で（pooled OLS モデルが真のモデルであるという）帰無仮説を棄却する．つまり，このデータでは固定効果モデルで分析した方が良いという結果になった．

```
pFtest(res_fe, res_po)
```

```
        F test for individual effects
data:  inv ~ value + capital
F = 49.1766, df1 = 9, df2 = 188, p-value < 2.2e-16
alternative hypothesis: significant effects
```

(d) 被説明変数を inv, 説明変数を value, capital として変量効果モデル

で推定を行う.関数plm()を用いる.model = "random"で変量効果モデルで推定を行うという指示.結果は以下のとおりである.

```
res_re <- plm(inv ~ value + capital,
  data = Grunfeld, model = "random")
summary(res_re)



Oneway (individual) effect Random Effect Model
   (Swamy-Arora's transformation)

Call:
plm(formula = inv ~ value + capital, data = Grunfeld,
 model = "random")

Balanced Panel: n=10, T=20, N=200

Effects:
                  var std.dev share
idiosyncratic 2784.46   52.77 0.282
individual    7089.80   84.20 0.718
theta:  0.8612

Residuals :
   Min. 1st Qu.  Median 3rd Qu.    Max.
-178.00  -19.70    4.69   19.50  253.00

Coefficients :
             Estimate Std. Error t-value Pr(>|t|)
(Intercept) -57.834415  28.898935 -2.0013  0.04674 *
value         0.109781   0.010493 10.4627  < 2e-16 ***
capital       0.308113   0.017180 17.9339  < 2e-16 ***
---
Signif. codes:  0 '***' 0.001 '**' 0.01 '*' 0.05 '.' 0.1
   ' ' 1

Total Sum of Squares:    2381400
```

```
Residual Sum of Squares: 548900
F-statistic: 328.837 on 2 and 197 DF, p-value: < 2.22e-16
```

(e) Hausman 検定を行う．関数 phtest() を用いる．phtest(固定効果モデルの推定結果，変量効果モデルの推定結果) で Hausman 検定を行うという指示．分析の結果，p 値が 0.31 と 5%を超えている．よって，有意水準 5%で（変量効果モデルが真であるという）帰無仮説を棄却できない．このデータの場合，変量効果モデルで推定を行った方が良い可能性が高いという結果になった（積極的に変量効果モデルが良いという意味ではない）．

```
phtest(res_fe, res_re)
```

```
        Hausman Test
data:  inv ~ value + capital
chisq = 2.3304, df = 2, p-value = 0.3119
alternative hypothesis: one model is inconsistent
```

A 付録：統計的推測

この付録では，統計的推測の一般論について，本書で扱う範囲内で必要な定義や説明を行う．以下の内容は主に蓑谷ら（2007，第 3 章）に沿っている．

A.1 準備

計量経済学で用いる統計量の多くは，有限の標本の大きさで確率分布を厳密に求めることが困難であるため，標本の大きさを無限大に発散させるときの確率分布を用いることが多い．この節では，確率変数の収束の概念を説明する．

定義 A.1 $\{X_n\}_{n \geq 1}$ を確率変数列，c を定数とする．任意の $\varepsilon > 0$ に対して，

$$\lim_{n \to \infty} P(|X_n - c| > \varepsilon) = 0$$

が成り立つとき，X_n は c に**確率収束** (converges in probability) するといい，

$$X_n \xrightarrow{p} c$$

と表す．

定義 A.2 $\{X_n\}_{n \geq 1}$ を確率変数列，X を確率変数とする．F_n, F をそれぞれ X_n, X の分布関数とする．F のすべての連続点 x において

$$\lim_{n \to \infty} F_n(x) = F(x)$$

が成り立つとき，X_n は X に**分布収束** (converges in distribution) するといい，

$$X_n \xrightarrow{d} X$$

と表す.

確率変数列 $\{X_n\}_{n\geq 1}$ が分布収束し,収束先確率変数の確率分布がわかっている場合は,その分布を明示的に書くことが多い.確率変数列 $\{X_n\}_{n\geq 1}$ が平均 μ,分散 σ^2 の正規分布に従う確率変数に分布収束するときには

$$X_n \xrightarrow{d} N(\mu, \sigma^2)$$

と書く.確率変数列 $\{X_n\}_{n\geq 1}$ が自由度 r の χ^2 分布に従う確率変数に分布収束するときには

$$X_n \xrightarrow{d} \chi^2(r)$$

と書く.

A.2　推　　定

パラメトリックモデル

n 個の確率変数(標本)$\boldsymbol{X}_n = (X_1, \ldots, X_n)$ の同時確率密度関数が $f(\boldsymbol{x}|\boldsymbol{\theta})$ で与えられるとする.ただし $\boldsymbol{\theta}$ は $\boldsymbol{R}^k$ の部分集合 $\boldsymbol{\Theta}$ に属するものとする.$\boldsymbol{\theta}$ はパラメータとよばれる.集合 $\boldsymbol{\Theta}$ はパラメータがとる値の範囲を定め,パラメータ空間という.確率密度関数の集合 $\{f(\boldsymbol{x}|\boldsymbol{\theta}) : \boldsymbol{\theta} \in \boldsymbol{\Theta}\}$ をパラメトリックモデルという.

推定量 (estimator) とは,パラメータ $\boldsymbol{\theta}$ を一点で推測することを意図した,標本 $\boldsymbol{X}_n$ のみの関数のことをいう.次に,よく言及される推定量の性質について説明する.

定義 A.3(不偏性)　すべての $\boldsymbol{\theta} \in \boldsymbol{\Theta}$ に対して

$$\mathrm{E}_{\boldsymbol{\theta}}[\hat{\boldsymbol{\theta}}] = \boldsymbol{\theta}$$

が成り立つとき,$\hat{\boldsymbol{\theta}}$ は $\boldsymbol{\theta}$ の**不偏推定量** (unbiased estimator) であるという.

ただし $\mathrm{E}_{\boldsymbol{\theta}}[\cdot]$ はパラメータが $\boldsymbol{\theta}$ のときの期待値を表す.

定義 A.4（一致性） すべての $\boldsymbol{\theta} \in \Theta$ に対して

$$P_{\boldsymbol{\theta}}\{\|\hat{\boldsymbol{\theta}} - \boldsymbol{\theta}\| > \varepsilon\} \to 0 \quad (n \to \infty \text{ のとき})$$

が任意の $\varepsilon > 0$ に対して成り立つとき，$\hat{\boldsymbol{\theta}}$ は $\boldsymbol{\theta}$ の一致推定量 (consistent estimatior) であるという．

一致性は，標本の大きさが大きいとき推定量が真の $\boldsymbol{\theta}$ に近いことを意味するので，一致性をもたない推定量は望ましくない推定量である．

定義 A.5（漸近正規性，漸近有効性） すべての $\boldsymbol{\theta} \in \Theta$ に対して

$$\sqrt{n}(\hat{\boldsymbol{\theta}} - \boldsymbol{\theta}) \xrightarrow{d} N(\mathbf{0}, \boldsymbol{\Sigma}(\boldsymbol{\theta})) \quad (n \to \infty \text{ のとき})$$

$\hat{\boldsymbol{\theta}}$ は $\boldsymbol{\theta}$ の漸近正規推定量であるという．ただし，$\boldsymbol{\Sigma}(\boldsymbol{\theta})$ は正値定符号行列，$N(\mathbf{0}, \boldsymbol{\Sigma}(\boldsymbol{\theta}))$ は平均 $\mathbf{0}$，分散共分散行列 $\boldsymbol{\Sigma}(\boldsymbol{\theta})$ の多変量正規分布である．特に，$\boldsymbol{\Sigma}(\boldsymbol{\theta}) = I_{\boldsymbol{\theta}}^{-1}$ であるときには，$\hat{\boldsymbol{\theta}}$ は $\boldsymbol{\theta}$ の漸近有効推定量であるという．ここで $I_{\boldsymbol{\theta}}$ は

$$I_{\boldsymbol{\theta}} = \mathrm{E}\left[\frac{\partial \log L(\boldsymbol{\theta})}{\partial \boldsymbol{\theta}} \frac{\partial \log L(\boldsymbol{\theta})}{\partial \boldsymbol{\theta}'}\right] \tag{A.1}$$

で定義され，Fisher 情報行列とよばれる．

漸近正規推定量が正則であるという性質をもつとき，$I_{\boldsymbol{\theta}}^{-1}$ は分散共分散行列の（非負値定符号行列の意味で）下限であることがわかっている[1]．したがって $\boldsymbol{\theta}$ が漸近有効推定量であれば，その漸近分散共分散行列は下限を達成している．

最尤推定量

一般に，パラメータの具体的な推定量を導く方法として最尤法と呼ばれる方法がある．

n 個の確率変数 $(X_1, \ldots, X_n)$ が同時確率密度関数 $f(\mathbf{x}|\boldsymbol{\theta})$ をもつとする．$\boldsymbol{X}_n = (X_1, \ldots, X_n)$ が与えられたときに，同時確率密度関数 $f(\boldsymbol{X}_n|\boldsymbol{\theta})$ を $\boldsymbol{\theta}$ の関数とみた

---

[1] 詳しくは稲垣 (2003),14 章を参照せよ．

$$L(\boldsymbol{\theta}) = f(\mathbf{X}_n|\boldsymbol{\theta})$$

を**尤度関数** (likelihood function) という．$L(\boldsymbol{\theta})$ は，パラメータの値が $\boldsymbol{\theta}$ のときのデータ $\mathbf{X}_n$ の同時確率密度であるから，パラメータ値 $\boldsymbol{\theta}$ のもっともらしさと解釈することが可能である．尤度関数 $L(\boldsymbol{\theta})$ を最大にする値を**最尤推定量** (maximum likelihood estimator, MLE) と呼び，ここでは $\hat{\boldsymbol{\theta}}$ と表そう．

$$l(\boldsymbol{\theta}) = \log L(\boldsymbol{\theta})$$

を**対数尤度関数** (log likelihood function) という．最尤推定量は対数尤度関数も最大にするので，

$$\frac{\partial}{\partial \boldsymbol{\theta}} l(\hat{\boldsymbol{\theta}}) = 0$$

が成り立つ．

一定の条件（正則条件と呼ばれる）の下で，最尤推定量は一致推定量であり，また漸近有効推定量であることが示されている[*2]．

A.3　仮　説　検　定

尤度比検定，Lagrange 乗数 (LM) 検定，Wald 検定

計量経済学で現れる多くの仮説検定問題で，検定統計量の帰無仮説の下での有限標本の分布を求めることができない．このような場合には，大標本（標本の大きさが大きいこと）の下で分布がパラメータに依存しない検定統計量を求め，有意水準が近似的に α に等しい棄却域を定める．一般的な方法として，尤度比検定，Lagrange 乗数検定，Wald 検定の3つがよく用いられる．

パラメータ $\boldsymbol{\theta}$ は k 次元ベクトルとする．パラメータに関する r 個の式 $a_1(\boldsymbol{\theta}) = 0, \ldots, a_r(\boldsymbol{\theta}) = 0$ を検定することを考える．ただし，各 $a_i(\boldsymbol{\theta})$ は連続微分可能な関数である．$a_i(\boldsymbol{\theta})$ を第 i 要素にもつ r 次元ベクトルを $\boldsymbol{a}(\boldsymbol{\theta})$ で表せば，仮説検定問題は以下のように与えられる．

[*2] 最尤推定量の一致性，漸近有効性が成り立つための正則条件および証明については，たとえば稲垣 (2003), Hayashi (2000) などを参照されたい．

$$H_0 : a(\theta) = 0 \quad \text{vs.} \quad H_1 : a(\theta) \neq 0$$

ただし，$r \times k$ 行列

$$\frac{\partial a(\theta)}{\partial \theta'}$$

の階数は r であると仮定する．この条件は，r 個の条件が冗長でないことを意味している．制約 $a(\theta) = 0$ の下での最尤推定量を $\hat{\theta}_R$ で表す．また制約なしの最尤推定量を $\hat{\theta}_U$ で表すこととする．

a. 尤度比検定

尤度比 λ は，帰無仮説 $a(\theta) = 0$ の下での最大尤度と制約なしの最大尤度の比である．つまり

$$\lambda = \frac{L(\hat{\theta}_R)}{L(\hat{\theta}_U)}$$

で定義される．検定統計量としては

$$LR = -2 \log \lambda$$

を用いる．正則条件の下では，H_0 が真のとき，

$$LR \xrightarrow{d} \chi^2(r) \quad (n \to \infty)$$

が成り立つ．LR の値が大きなときには帰無仮説が真でないことが示唆される．したがって $\{LR > \chi^2_\alpha(r)\}$ が，有意水準が近似的に α の尤度比検定の棄却域となる．ただし $\chi^2_\alpha(r)$ は自由度 r の χ^2 分布の上側 $100\alpha\%$ 点である．

b. Lagrange 乗数 (LM) 検定

最尤推定量 θ_U について

$$\frac{\partial}{\partial \theta} \log L(\hat{\theta}_U) = 0$$

が成り立つ．正則条件の下で，帰無仮説 H_0 が真のときには制約付き最尤推定量 $\hat{\theta}_R$ は最尤推定量 $\hat{\theta}_U$ に近く，したがって $\frac{\partial}{\partial \theta} \log L(\hat{\theta}_R)$ も 0 に近いと考えられる．LM (Lagrange Multiplier) 検定統計量は

$$LM = \left(\frac{\partial}{\partial \boldsymbol{\theta}} \log L(\hat{\boldsymbol{\theta}}_R)\right)' \tilde{I}_n^{-1} \left(\frac{\partial}{\partial \boldsymbol{\theta}} \log L(\hat{\boldsymbol{\theta}}_R)\right)$$

で定義される．ただし $\tilde{I}_n$ は $\hat{\boldsymbol{\theta}}_R$ を用いた $I_n(\boldsymbol{\theta})$ の推定量である．LM 検定統計量は制約付き最尤推定量 $\hat{\boldsymbol{\theta}}_R$ のみから計算される．正則条件の下では，H_0 が真のとき，

$$LM \xrightarrow{d} \chi^2(r) \quad (n \to \infty)$$

が成り立つ．尤度比検定と同様に，$\{LM > \chi_\alpha^2(r)\}$ が，有意水準が近似的に α の LM 検定の棄却域となる．

c. Wald 検定

帰無仮説 H_0 が真のとき $\boldsymbol{a}(\hat{\boldsymbol{\theta}}_U)$ は 0 に近いと考えられる．Wald 検定の検定統計量は

$$W = \boldsymbol{a}(\hat{\boldsymbol{\theta}}_U)' \left\{ \left(\frac{\partial}{\partial \boldsymbol{\theta}'} \boldsymbol{a}(\hat{\boldsymbol{\theta}}_U)\right) \hat{I}_n^{-1} \left(\frac{\partial}{\partial \boldsymbol{\theta}'} \boldsymbol{a}(\hat{\boldsymbol{\theta}}_U)\right)' \right\}^{-1} \boldsymbol{a}(\hat{\boldsymbol{\theta}}_U)$$

で定義される．ただし $\hat{I}_n$ は $\hat{\boldsymbol{\theta}}_U$ を用いた $I_n(\boldsymbol{\theta})$ の推定量である．Wald 検定統計量は制約なし最尤推定量 $\hat{\boldsymbol{\theta}}_U$ のみから計算される．正則条件の下では，H_0 が真のとき，

$$W \xrightarrow{d} \chi^2(r) \quad (n \to \infty)$$

が成り立つ．尤度比検定と同様に，$\{W > \chi_\alpha^2(r)\}$ が，有意水準が近似的に α の Wald 検定の棄却域となる．

以上で述べたように，正則条件の下ではこれら 3 つの検定統計量の帰無仮説 H_0 の下での漸近分布が自由度 r の χ^2 分布である．ただし，計量経済学でこれらの検定統計量が用いられるとき，正則条件が満たされず，帰無仮説の下での漸近分布が χ^2 分布にならないことがある（KPSS 検定，共和分検定など）ので注意が必要である．

B 付録：推定・検定一覧

本書で取り上げたRを用いた推定および検定方法とそれらに関係するRの主な関数・パッケージの一覧を記す．パッケージに関しては追加的にインストールを必要とするものだけを記載している．

分析手法	主な関数	パッケージ	主な節
単回帰分析	lm		3.7節
重回帰分析	lm		4.8節
Breusch–Pagan 検定	bptest	lmtest	5.4節
White 検定	bptest	lmtest	5.4節
Goldfeld–Quandt 検定	gqtest	lmtest	5.4節
White の修正	coeftest	lmtest	5.4節
	vcov のオプション[*1]	sandwich	
WLS 法	lm		5.4節
Durbin–Watson 検定	dwtest	lmtest	6.4節, 10.2節
Breusch–Godfrey 検定	bgtest	lmtest	6.4節
GLS 法	gls	nlme	6.4節
Newey–West 法	coeftest	lmtest	6.4節
	vcov のオプション[*2]	sandwich	
コレログラム	acf		7.4節
	pacf		
AR(1) モデル	ar		7.4節

ARMA(p,q) モデル	arima		7.4 節
	arima.sim	fArma	
	auto.arima	forecast	
	armaFit	fArma	
Ljung–Box 検定	Box.test		7.4 節
Arch の検定	ArchTest	FinTS	8.3 節
Arch モデル	garchFit	fGarch	8.3 節
GARCH$(1,1)$ モデル	garchFit	fGarch	8.3 節
VAR(1) モデル	VARselect	vars	9.2 節
	VAR	vars	
インパルス反応	irf	vars	9.2 節
Granger の因果性検定	causality	vars	9.2 節
見せかけの回帰	lm		10.2 節
ADF 検定	unitrootTest	fUnitRoots	10.4 節, 9.2 節
Phillips–Perron 検定	ur.pp	urca	10.4 節
KPSS 検定	ur.kpss	urca	10.4 節
Phillips–Ouliaris 検定	ca.po	urca	10.6 節
Johansen 検定	ca.jo	urca	10.8 節
pooled OLS 推定	plm	plm	11.6 節
固定効果モデル	plm	plm	11.6 節
	fixef	plm	
固定効果モデルの検定	pFtest	plm	11.6 節
変量効果モデル	plm	plm	11.6 節
Hausman 検定	phtest	plm	11.6 節

[*1)] 分散共分散行列を White の修正方法で計算することをオプションで指定するときに使う．
[*2)] 分散共分散行列を Newey–West の方法で計算することをオプションで指定するときに使う．

参 考 文 献

1) Angrist, Joshua D. and Jörn-Steffen Pischke (2009) *Mostly Harmless Econometrics : An Empiricist's Companion*: Princeton University Press.
2) Baltagi, Badi H. (2008) *Econometrics*, 4th edition: Springer-Verlag.
3) Baltagi, Badi H. and Dan Levin (1992) "Cigarette taxation: Raising revenues and reducing consumption", *Structural Change and Economic Dynamics*, Vol. 3, No. 2, pp. 321–335.
4) Bollerslev, Tim (1986) "Generalized autoregressive conditional heteroskedasticity", *Journal of Econometrics*, Vol. 31, No. 3, pp. 307–327.
5) Cameron, A. Colin and Pravin K. Trivedi (2005) *Microeconometrics : Methods and Applications*: Cambridge University Press.
6) Davidson, Russell and James G. MacKinnon (2004) *Econometric Theory and Methods*: Oxford University Press.
7) Engle, Robert F. (1982) "Autoregressive conditional heteroscedasticity with estimates of the variance of United Kingdom inflation", *Econometrica*, Vol. 50, No. 4, pp. 987–1007.
8) Farebrother, R. W. (1980) "Algorithm AS 153: Pan's procedure for the tail probabilities of the Durbin–Watson statistic", *Journal of the Royal Statistical Society. Series C (Applied Statistics)*, Vol. 29, No. 2, pp. 224–227.
9) —— (1984) "Remark AS R53: A remark on algorithms AS 106, AS 153 and AS 155: The distribution of a linear combination of χ^2 random variables", *Journal of the Royal Statistical Society. Series C (Applied Statistics)*, Vol. 33, No. 3, pp. 366–369.
10) Gardner, G., A. C. Harvey, and G. D. A. Phillips (1980) "Algorithm AS154: An algorithm for exact maximum likelihood estimation of autoregressive-moving average models by means of Kalman filtering", *Applied Statistics*, Vol. 29, pp. 311–322.
11) Goldfeld, Stephen M. and Richard E. Quandt (1965) "Some tests for homoscedasticity", *Journal of the American Statistical Association*, Vol. 60, No. 310, pp. 539–547.
12) Greene, William H. (2007) *Econometric Analysis*, 6th edition: Prentice-

Hall.
13) Hamilton, James D. (1994) *Time Series Analysis*: Princeton University Press.
14) Hayashi, Fumio (2000) *Econometrics*: Princeton University Press.
15) Johansen, Søren (1988) "Statistical analysis of cointegration vectors", *Journal of Economic Dynamics and Control*, Vol. 12, No. 2–3, pp. 231–254.
16) —— (1991) "Estimation and hypothesis testing of cointegration vectors in Gaussian vector autoregressive models", *Econometrica*, Vol. 59, No. 6, pp. 1551–1580.
17) —— (1995) *Likelihood-based Inference in Cointegrated Vector Autoregressive Models*: Oxford University Press.
18) —— (1996) *Likelihood-based Inference in Cointegrated Vector Autoregressive Models*, 2nd edition: Oxford University Press.
19) Johansen, Søren and Katarina Juselius (1990) "Maximum likelihood estimation and inference on cointegration–with applications to the demand for money", *Oxford Bulletin of Economics and Statistics*, Vol. 52, No. 2, pp. 169–210.
20) Johnston, Jack and John DiNardo (1997) *Econometric Methods*: McGraw-Hill.
21) Juselius, Katarina (2006) *The Cointegrated VAR Model*: Oxford University Press.
22) Koenker, Roger (1981) "A note on studentizing a test for heteroscedasticity", *Journal of Econometrics*, Vol. 17, No. 1, pp. 107–112.
23) Koenker, Roger and Gilbert Jr. Bassett (1982) "Robust tests for heteroscedasticity based on regression quantiles", *Econometrica*, Vol. 50, No. 1, pp. 43–61.
24) Kwiatkowski, Denis, Peter C. B. Phillips, Peter Schmidt and Yongcheol Shin (1992) "Testing the null hypothesis of stationarity against the alternative of a unit root: How sure are we that economic time series have a unit root?", *Journal of Econometrics*, Vol. 54, No. 1–3, pp. 159–178.
25) MacKinnon, James G. (1996) "Numerical distribution functions for unit root and cointegration tests", *Journal of Applied Econometrics*, Vol. 11, No. 6, pp. 601–618.
26) MacKinnon, James G. and Halbert White (1985) "Some heteroskedasticity-

consistent covariance matrix estimators with improved finite sample properties", *Journal of Econometrics*, Vol. 29, No. 3, pp. 305–325.

27) Nabeya, S. and Tanaka, K. (1988) "Asymptotic theory of a test for the constancy of regression coefficients against the random walk alternative", *Annals of Statistics*, Vol. 16, pp. 218–235.

28) Newey, Whitney K. and Kenneth D. West (1987) "A simple, positive semi-definite, heteroskedasticity and autocorrelation consistent covariance matrix", *Econometrica*, Vol. 55, No. 3, pp. 703–708.

29) Newey, Whitney K. and Kenneth D. West (1994) "Automatic lag selection in covariance matrix estimation", *Review of Economic Studies*, Vol. 61, No. 4, pp. 631–653, October.

30) Osterwald-Lenum, Michael (1992) "A note with quantiles of the asymptotic distribution of the maximum likelihood cointegration rank test statistics", *Oxford Bulletin of Economics and Statistics*, Vol. 54, No. 3, pp. 461–472.

31) Pfaff, Bernhard (2008) *Analysis of Integrated and Cointegrated Time Series with R*, 2nd edition: Springer-Verlag.

32) Phillips, Peter C. B. and Sam Ouliaris (1990) "Asymptotic properties of residual based tests for cointegration", *Econometrica*, Vol. 58, No. 1, pp. 165–193.

33) Phillips, Peter C. B. and Pierre Perron (1988) "Testing for a unit root in time series regression", *Biometrika*, Vol. 75, No. 2, pp. 335–346.

34) Tsay, Ruey S. (2005) *Analysis of Financial Time Series*: Wiley-Interscience.

35) White, Halbert (1980) "A heteroskedasticity-consistent covariance matrix estimator and a direct test for heteroskedasticity", *Econometrica*, Vol. 48, No. 4, pp. 817–838.

36) Wooldridge, Jeffrey M. (2002) *Econometric Analysis of Cross Section and Panel Data*: MIT Press.

37) ―― (2009) *Introductory Econometrics : A Modern Approach*, 4th edition: South-Western.

38) 稲垣宣生 (2003) 『数理統計学』, 改訂版, 裳華房.

39) 刈屋武昭・勝浦正樹 (2008) 『統計学』, 第2版, 東洋経済新報社.

40) 倉田博史・星野崇宏 (2009) 『入門統計解析』, 新世社.

41) 小暮厚之 (2009) 『Rによる統計データ分析入門』 (シリーズ〈統計科学のプラクティス〉1), 朝倉書店.

42) 田中勝人 (2006)『現代時系列分析』,岩波書店.
43) 東京大学教養学部統計学教室（編）(1991)『統計学入門』,東京大学出版会.
44) 野田一雄・宮岡悦良 (1990)『入門・演習数理統計』,共立出版.
45) 舟尾暢男 (2009)『The R tips: データ解析環境 R の基本技・グラフィックス活用集』,第 2 版,オーム社.
46) 星野崇宏 (2009)『調査観察データの統計科学: 因果推論・選択バイアス・データ融合』,岩波書店.
47) 間瀬 茂 (2007)『R プログラミングマニュアル』,数理工学社.
48) 蓑谷千凰彦・縄田和満・和合 肇（編）(2007)『計量経済学ハンドブック』,朝倉書店.
49) 山本 拓 (1995)『計量経済学』,新世社.
50) ── (1988)『経済の時系列分析』,創文社.

索　引

欧　文

acf(x)　102
ADF 検定　138, 143
AIC　101
ar()　103
AR(1) モデル　72
ARCH(q) モデル　110
ArchTest()　117
arima()　104
ARIMA(p, d, q) モデル　99
arima.sim()　106
ARMA モデル　97
armaFit 関数　107
ARMA(p, q) モデル　98
AR モデル　96
AR(p) モデル　75, 96
auto.arima()　106

bgtest()　89
BIC　101
BLUE　28
Box–Jenkins 流　100
Box.test()　105
bptest()　63
Breusch–Godfrey 検定　76, 89
Breusch–Pagan 検定　53, 63

ca.jo()　155, 156
ca.po()　148
causality()　130
Cochrane–Orcutt 推定量　78

coeftest()　65, 91
cumsum()　135

Dickey–Fuller 検定　137
Durbin の altanative 検定　74
Durbin–Watson 検定　73, 88
dwtest()　88

Engle–Granger 検定　146

F 検定　46
feasible GLS 推定　162
FGLS　77
Fisher 情報行列　172
fixef()　166

GARCH(p, q) モデル　114
garchFit()　118
Gauss–Markov の定理　28
GLS　59
gls()　90
Goldfeld–Quandt 検定　55
gqtest()　65
Granger の因果性　123
Granger の因果性検定　123

Hausman 検定　162, 165, 169
HCSE　57

$I(1)$ 過程　133
$I(d)$ 過程　133
i.i.d.　29

irf() 129

Johansen 検定 150, 151

Kalman フィルター 100
KPSS 検定 139, 145

Lagrange 乗数検定 173
Ljung–Box 検定 100, 105
lm() 34, 47
LM 検定 54, 76, 174
LSDV 推定 161
LSDV 推定統計量 161

MA モデル 97
MA(q) モデル 97

Newey–West の修正 77, 78, 91
Newey–West HAC 79
Newey–West HAC 共分散推定量 91

OLS 推定量 26

p 値 32
pacf(x) 102
pFtest() 167
Phillips–Ouliaris 検定 147
Phillips–Perron 検定 138, 144
phtest() 169
plm() 164, 165, 168
plot() 102
pooled OLS 159, 163
Prais–Winsten 推定量 78

read.csv() 18
residuals() 84

t 検定 31, 42
t 値 32
ts() 141

unitrootTest() 126, 143

ur.kpss() 145
ur.pp() 144

VAR モデル 122
VAR() 127
VARselect() 127

Wald 検定 173, 175
White 検定 55, 63
White の修正 57
within 推定 161
within 推定統計量 161
WLS 61

Yule–Walker 推定量 99
Yule–Walker 方程式 97

zoo() 84

ア 行

赤池情報量規準 (AIC) 101
当てはめ値 26

一致推定量 29, 172
一致性 29, 172
一般化最小 2 乗推定法 (GLS) 59
一般化最小 2 乗推定量 60
一般化自己回帰条件付き不均一分散モデル (GARCH) 110
移動平均モデル（MA モデル） 97
インパルス応答関数 124

カ 行

回帰値 26
回帰パラメータ 41
回帰モデル 24
階差 98
確率過程 93
確率収束 170
加重最小 2 乗法 (WLS) 61

索引

仮説検定　31

強外生性　70
共和分　146
共和分関係　149
共和分行列　149, 150
共和分ベクトル　149, 150
共和分ランク　149, 150

クロスセクションデータ　24

係数ダミー　44
系列相関　69
決定係数　27

固定効果モデル　160
個別効果　160
コレログラム　96, 100, 102

サ　行

最小 2 乗推定量　26
最小 2 乗法　25, 40
最大固有値検定　153
最尤推定量　151, 172
最尤法　172
最良線形不偏推定量 (BLUE)　28
残差　26
　——の変動　27

時系列データ　69
時系列プロット　80
自己回帰移動平均モデル (ARMA)　97, 98
自己回帰条件付き不均一分散モデル
　(ARCH)　110
自己回帰モデル
　1 次の——　72
　p 次の——　75, 96
自己回帰和分移動平均モデル (ARIMA)
　96
自己共分散　94
自己共分散行列　121

自己相関係数　94
実行可能一般化最小 2 乗　77
重回帰　24
重回帰分析　38
重回帰モデル　38
自由度調整済み決定係数　43
情報量規準　101

スチューデント化 Breusch–Pagan 検定
　55, 63

説明された変動　27
説明変数　24
漸近正規推定量　172
漸近正規性　172
漸近有効推定量　172
漸近有効性　172
線形時系列モデル　96
線形制約の検定　44
全変動　27

タ　行

対数尤度関数　173
多変量確率過程　121
ダミー変数　43, 48, 85
単位根過程　134
単位根検定　137
単回帰　24

調整行列　150

定常　94
定常過程　94
定常性　96, 98, 115, 122, 123
定数項ダミー　44
電力需要　79

同時外生性　75
特性方程式　96
ドリフト付きランダムウォーク　133

ドリフトと時間トレンド付きランダム
　　ウォーク　134
トレース検定　152

ハ　行

パネルデータ　158
パラメータ　171
パラメータ空間　171
パラメトリックモデル　171

被説明変数　24
非定常過程　133
非定常時系列　132
標準誤差　30
標準的仮定　29, 39
標本自己共分散　95
標本自己相関係数　95
標本平均　95
標本偏自己相関係数　96

不均一分散　52
不均一分散一致共分散行列推定量
　　(HCCME)　59
不均一分散一致標準誤差 (HCSE)　57

不偏推定量　171
不偏性　28, 171
分散共分散行列推定量　79
分布収束　170

平均ベクトル　121
ベイズ情報量規準 (BIC)　101
ベクトル誤差修正モデル　149, 150
ベクトル自己回帰モデル (VAR)　122
偏自己相関係数　95
変量効果　161
変量効果モデル　160

マ　行

見せかけの回帰　132, 134

ヤ　行

尤度関数　173
尤度比検定　173

ラ　行

ランダムウォーク　133

著者略歴

福地純一郎（ふくち・じゅんいちろう）

- 1962年　東京都に生まれる
- 1989年　一橋大学大学院経済学研究科修士課程修了
- 1994年　アイオワ州立大学大学院 Ph.D. コース修了
- 1995年　広島大学経済学部講師
- 現　在　学習院大学経済学部教授
　　　　Ph. D.（統計学）

伊藤有希（いとう・ゆうき）

- 1978年　東京都に生まれる
- 2009年　一橋大学大学院経済学研究科博士課程修了
- 現　在　横浜国立大学経営学部経営システム科学科准教授
　　　　博士（経済学）

シリーズ〈統計科学のプラクティス〉6
Rによる計量経済分析　　　　　定価はカバーに表示

2011年3月7日　初版第1刷
2019年7月25日　　　第7刷

　　　　　著　者　福　地　純　一　郎
　　　　　　　　　伊　藤　有　希
　　　　　発行者　朝　倉　誠　造
　　　　　発行所　株式会社　朝　倉　書　店
　　　　　　　　　東京都新宿区新小川町6-29
　　　　　　　　　郵便番号　１６２-８７０７
　　　　　　　　　電話　03(3260)0141
　　　　　　　　　ＦＡＸ　03(3260)0180
　　　　　　　　　http://www.asakura.co.jp

〈検印省略〉

© 2011〈無断複写・転載を禁ず〉　Printed in Korea

ISBN 978-4-254-12816-1　C 3341

JCOPY　<（社）出版者著作権管理機構 委託出版物>

本書の無断複写は著作権法上での例外を除き禁じられています．複写される場合は，そのつど事前に，（社）出版者著作権管理機構（電話 03-3513-6969，FAX 03-3513-6979，e-mail: info@jcopy.or.jp）の許諾を得てください．

明大 刈屋武昭・前広大 前川功一・東大 矢島美寛・
学習院大 福地純一郎・統数研 川崎能典編

経済時系列分析ハンドブック

29015-8 C3050　　A 5 判　788頁　本体18000円

経済分析の最前線に立つ実務家・研究者へ向けて主要な時系列分析手法を俯瞰。実データへの適用を重視した実践志向のハンドブック。〔内容〕時系列分析基礎（確率過程・ARIMA・VAR他）／回帰分析基礎／シミュレーション／金融経済財務データ（季節調整他）／ベイズ統計とMCMC／資産収益率モデル（酔歩・高頻度データ他）／資産価格モデル／リスクマネジメント／ミクロ時系列分析（マーケティング・環境・パネルデータ）／マクロ時系列分析（景気・為替他）／他

東北大 照井伸彦監訳

ベイズ計量経済学ハンドブック

29019-6 C3050　　A 5 判　564頁　本体12000円

いまやベイズ計量経済学は，計量経済理論だけでなく実証分析にまで広範に拡大しており，本書は教科書で身に付けた知識を研究領域に適用しようとするとき役立つよう企図されたもの。〔内容〕処理選択のベイズ的諸側面／交換可能性，表現定理，主観性／時系列状態空間モデル／柔軟なノンパラメトリックモデル／シミュレーションとMCMC／ミクロ経済におけるベイズ分析法／ベイズマクロ計量経済学／マーケティングにおけるベイズ分析法／ファイナンスにおける分析法

慶大 小暮厚之著
シリーズ〈統計科学のプラクティス〉1

Rによる統計データ分析入門

12811-6 C3341　　A 5 判　180頁　本体2900円

データ科学に必要な確率と統計の基本的な考え方をRを用いながら学ぶ教科書。〔内容〕データ／2変数のデータ／確率／確率変数と確率分布／確率分布モデル／ランダムサンプリング／仮説検定／回帰分析／重回帰分析／ロジット回帰モデル

東北大 照井伸彦著
シリーズ〈統計科学のプラクティス〉2

Rによるベイズ統計分析

12812-3 C3341　　A 5 判　180頁　本体2900円

事前情報を構造化しながら積極的にモデルへ組み入れる階層ベイズモデルまでを平易に解説〔内容〕確率とベイズの定理／尤度関数，事前分布，事後分布／統計モデルとベイズ推測／確率モデルのベイズ推測／事後分布の評価／線形回帰モデル／他

オーストラリア国立大 沖本竜義著
統計ライブラリー

経済・ファイナンスデータの計量時系列分析

12792-8 C3341　　A 5 判　212頁　本体3600円

基礎的な考え方を丁寧に説明すると共に，時系列モデルを実際のデータに応用する際に必要な知識を紹介。〔内容〕基礎概念／ARMA過程／予測／VARモデル／単位根過程／見せかけの回帰と共和分／GARCHモデル／状態変化を伴うモデル

慶大 小暮厚之・野村アセット 梶田幸作監訳

ランカスター ベイジアン計量経済学

12179-7 C3041　　A 5 判　400頁　本体6500円

基本的な概念から，MCMCに関するベイズ計算法，計量経済学へのベイズ応用，コンピュテーションまで解説した世界的名著。〔内容〕ベイズアルゴリズム／予測とモデル評価／線形回帰モデル／ベイズ計算法／非線形回帰モデル／時系列モデル／他

国際教養大 市川博也著
応用ファイナンス講座2

応用経済学のための 時系列分析

29587-0 C3350　　A 5 判　184頁　本体3500円

時系列分析の基礎からファイナンスのための時系列分析を平易に解説。〔内容〕マクロ経済変数と時系列分析／分布ラグモデルの最適次数の決定／統計学の基礎概念と単位根テスト／定常な時系列変数と長期乗数／ボラティリティ変動モデル／他

首都大 木島正明・北大 鈴木輝好・北大 後藤　允著

ファイナンス理論入門
—金融工学へのプロローグ—

29016-5 C3050　　A 5 判　208頁　本体2900円

事業会社を主人公として金融市場を描くことで，学生にとって抽象度の高い金融市場を身近なものとする。事業会社・投資家・銀行，証券からの視点より主要な題材を扱い，豊富な演習問題・計算問題を通しながら容易に学べることを旨とした書

上記価格（税別）は 2019 年 6月現在